天下．文化
BELIEVE IN READING

熱血

奔騰50年

百萬愛心守護生命

林進修 —— 著

目錄

結語

| 序 |

捐血事業，守護國人健康的堅實後盾

　　「我不認識你，但是我謝謝你」這句大家琅琅上口的口號，最能代表對捐血人的感恩，也清楚闡釋了台灣捐血運動的意義。

　　早年我在醫院服務時，就曾經發生過病人急需大量輸血，醫院沒有血液庫存，捐血中心血液也短缺的緊急狀況，後來醫院靠著廣播號召可以捐血的人熱心挽袖，才幫助病人度過難關。

　　因為行醫經歷，我很清楚醫療用血的重要性，也深刻體會缺血時病人和家屬的焦慮與窘迫，所以一直以來我都盡己之力長期在捐血。擔任台南市市長任內，每年更是在農曆年節前的捐血月，率領各局處同仁一起響應，以免年假期間儲備血源不足；擔任副總統期間也多次呼籲，無論黨、公職人員都要發起捐血活動，以解決缺血的燃眉之急。數十年來，無論我身居何職，都竭力支持捐血活動。

　　從1974年創立的中華捐血運動協會，至今已經有五十年歷史。回首過往，台灣能夠從血牛文化走到全面無償捐血，這種巨大的歷

史轉變，經歷過的人莫不感慨萬分。以前，窮人家會因生病買不起血慟失親友，萬一家中有罹患重度海洋性貧血的孩子、車禍大量失血、孕婦生產血崩的時候，恐怕連有錢人也可能要耗盡家產，才有辦法定期或大量地輸血，而且還得冒著很大的感染風險。當時，根本難以想像台灣會迎來全面無償捐血的時代，這真的是很了不起的成就。

《熱血奔騰50年》這本書對於捐血事業的起源，包括學者專家、醫界及各方有志之士的無私投入，早年募血的艱辛，以及血品安全的提升有非常詳盡的描述。台灣不只逆轉了血牛文化，捐血率更是傲視全球，這是上百萬捐血人的愛心表現，也展現了台灣人最良善的一面。

捐血是台灣最重要、也是最成功的社會運動之一，中華捐血運動協會和台灣血液基金會需要社會大眾持續支持，讓熱血不只奔騰五十年，而是能一直持續下去，成為醫療最堅實的後盾，持續守護國人的健康。

中華民國總統

賴清德

| 序 |

捐血快樂、用血安全

　　救人可以獲得最大的快樂，是我從醫的初衷，也是許多捐血人樂於挽袖的原因。「捐血一袋，救人一命」，正因為這種利他行為，讓台灣的捐血率可以稱冠世界。

　　在今日就醫毋須擔憂血源的年代，一般人難以想像，早年輸血不僅要花錢買血，就算有錢也未必買得到血。回想我還在台大擔任住院醫師時期，就親眼見識過血牛聚集在急診室門口等著賣血的景象。當年，萬一遇到病人急需輸血、又缺血的緊急情況，血型符合資格的年輕醫師，甚至會輪流輸血給病人以進行搶救。

　　捐血運動的開展改變了台灣的醫療史。在觀念未開，國人對於捐血普遍畏懼排斥的年代，幸賴有志之士的努力不懈，以及行政長官如總統、院長親自提倡，自願無償捐血量才逐年成長，台灣血液的供需及用血安全才得以步入正軌。

　　台灣有一群「護國菩薩」，因為有這群人穩定地捐血，才能挺

過疫情難關，讓台灣的醫療用血不虞匱乏；關心、照顧捐血者的健康也是捐血事業的重要使命，針對規律捐血人提供的腹部超音波檢查及生化檢驗，就是希望他們注意身體狀況。

　　台灣面臨高齡化、少子化的趨勢，捐血事業也受到嚴峻考驗，除了從教育扎根，希望建立起捐血救人的觀念，也從血液管理來「節流」，讓各種血液成分可以更精準、有效地用在病人身上。

　　在基金會長達十年的爭取下，2013年台灣全面實施最先進的病毒核酸擴增檢驗（NAT）為血品安全把關，至今沒有任何人因為輸血而感染愛滋病毒、B型及C型肝炎病毒。此外，血液基金會也建立檢體庫，打造行動化、智能化的血液管理資訊，讓每一袋血都有完整的製程履歷，同時積極與國外合作提升血液製劑的相關技術，從各方面為血品品質把關，這些歷程均詳實記錄在本書中。

　　因應國際ESG永續趨勢，基金會除了將捐血人的愛心得以循環利用，擴大效益，也早已訂下減碳的長期目標，確立在環境保護、社會責任及公司治理上符合永續指標，讓捐血事業不只五十年，而是永遠綿延傳承下去。

台灣血液基金會董事長

侯勝茂

| 序 |

走過半世紀，最成功的社會運動

　　從1974年成立捐血運動協會開始，台灣的血液事業轉眼就過了半個世紀，回首前塵往事，一如人生。當時，我還在台大醫院當實習醫師，親身經歷血牛在醫院內四處遊走的那段歷史，對照現今台灣血液事業備受國際肯定的傲人成績，真是不勝唏噓。

　　我1982年返國進入衛生署工作，開國建會時，就有專家學者針對醫療體系提出建言，認為台灣的捐供血制度太過原始落後，用血者充滿風險。

　　在當時的行政院政務委員李國鼎及衛生署署長許子秋全力支持下，先舉辦了第一屆「中華民國血液科技研討會」，會中提出了許多建議，那些建議就由我負責推動執行，在醫療網中，特闢血液安全專章，希望全面提升台灣血液醫療的品質。

　　同時，中華捐血運動協會也開始大力推動自願無償捐血，很快進步到能供應八成左右的醫療用血，我和時任捐血運動協會總幹事

的張菊生研商，只要無償捐血的量再增加一點，衛生署就能全面禁止血牛賣血。1991 年，無償捐血量終於破百萬單位，足以擔負起醫療用血的重責，衛生署就明令不准再用血牛賣的血，卻也斷了血牛生計而引發抗爭。

經過五十年的努力，由捐血運動協會和血液基金會一起打造的血液事業，無疑是台灣最成功的社會運動之一，更可以說是和全民健保並列為舉世稱頌的台灣驕傲。

我們寫下了超過8％全球第一的捐血率，更值得國人感到驕傲的是，我們大幅改善了供輸血系統，並確保用血安全。

各地捐血室打造得更加舒適宜人，同時也針對高次數捐血者陸續推出膽固醇、糖化血色素以及腹部超音波等檢查，好讓每位捐血者都健健康康，可以持續幫助更多人。

五十年歲月匆匆而過，要感謝的人太多太多了，謹以出版本書記錄我們曾經走過的漫漫長路，向曾在捐血路上一起走過來的每一個人說聲謝謝，也希望未來有更多人齊心齊力，讓這條血液長河不斷奔流下去。

中華捐血運動協會理事長

葉金川

楔子 | 捐血運動，如太陽運轉不息

　　濁水溪畔，一輛油電捐血車靜靜停在南投竹山紫南宮水濂廣場，方便信眾挽袖捐血。從這輛捐血車及各地捐血中心、捐血站募集的血品，即時供應全國各醫療機構，協助像四十幾年來仰賴輸血維生的海洋性貧血患者張育禎等眾多用血人，讓他們可以健健康康地活下去。

　　這個透過捐血及輸血帶來的醫療大轉變，可以從半世紀前說起。1974年4月19日，在一群熱心公益的機關團體、人士推動下，中華捐血運動協會正式成立，再於1990年捐助成立台灣血液基金會，負責執行捐供血業務，如今走過五十年歲月，協會與基金會早已成為醫療機構最堅實的後盾，更是守護全國民眾健康的陪伴者。

　　在這條由血液匯集而成的熱心長河中，捐血運動協會和血液基金會攜手發揮堅毅不拔的精神，足跡遍及深山偏鄉，努力扭轉「身體髮膚，受之父母，不敢毀傷，孝之始也」的傳統觀念，讓國人逐漸願意伸出手臂捐血，捐血量也從1974年的3,817單位，逐年增加，花了十七年的時間，1991年首次創下全年捐血量突破100萬單

位、國人捐血率達到 5.18% 的歷史紀錄，進而寫下醫療機構用血百分之百採用無償捐血的里程碑。

與此同時，也大幅提升用血安全、資訊管理，對於血液品質的管制、檢驗、捐供流程等完善制度。

到了 2023 年，全國捐血量已超過 285 萬單位，和半世紀前相比，不可同日而語，8.13% 的捐血率更是遠遠超過歐美先進國家，高居全球第一。

這些非凡成就，寫下了另一頁台灣傳奇，也再度證明「台灣最美麗的風景是人」這句傳頌國際的話，絕非溢美之詞。

台灣最成功的社會運動

在邁入二十一世紀、且已過了近四分之一世紀的今天，AI 和大數據等科技帶動的第四波工業革命，幾乎顛覆了人類長久以來的觀念及日常生活，人類平均壽命更在醫療快速發展的助力下，史無前例地推向八、九十歲的歷史高峰，捐血成了這個紛亂世界走向良善的一股動力。

然而，這些亮麗成果並非憑空而來，而是一步一腳印的踏實成果。回首來時路，有太多前輩披荊斬棘地無私付出，也有一代接一代的工作人員日以繼夜地辛苦打拚，克服無數次颱風、地震等大

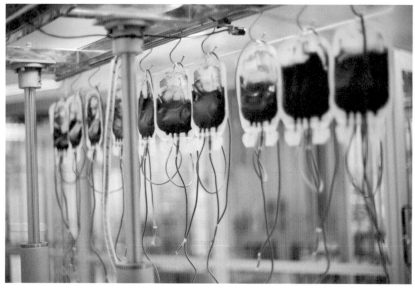

高居全球第一的8.13%捐血率,是五十年來許多有志之士努力推動的成果,也是台灣人最大的驕傲。(攝影╱薛泰安)

自然災害的無情肆虐，挺過SARS及COVID-19等流行疫情的嚴酷考驗，才能源源供應並滿足醫療機構用血需求，一起守護國人健康。

一個個走進捐血車、捐血室和捐血站的溫暖身影，一袋袋鮮紅血液的背後，捐血運動已成為台灣最成功的社會運動。人不分貧富貴賤，只要伸出手臂，就能成就一件好事，這是每個人都能做、而且也最簡單的為善之舉，也是台灣人最大的驕傲。

這段歷史，有著兩千三百萬台灣人的愛心付出，也有所有工作人員堅守第一線流下的汗水，雖是酸甜苦辣，百味雜陳，卻也是值得你我珍惜的最大榮耀。

五十年倏忽而過，還有下一個五十年以及更多的五十年等在後面，絲毫鬆懈不得。

本書透過深入訪談捐血運動協會、血液基金會多位關鍵人物，同時聆聽眾多捐血者及受血者發自內心的聲音，以具有溫度及人文關懷的文字，梳理捐血運動這半世紀來努力耕耘的點點滴滴，既留下歷史，也描繪出未來願景，讓熱血不斷延續下去。

展望未來，只要有人的地方，捐血運動就像太陽運轉般，永無止息，一如捐血運動協會理事長葉金川所言，我們要讓這條血液長河一直奔流下去，而這也是本書出版的真諦及價值所在。

第一部

波瀾

那時,各大醫院急診室門口,
總是聚集著一群面孔蒼白、被稱爲「血牛」的賣血人。
在有償用血的年代,急需輸血得先花錢買。
有人買血、有人賣血。
而且還不確定輸進體內的血究竟安不安全?
直到 1974 年,掀起一場社會運動,
終於揭開台灣自願無償捐血的序幕。
當社會覺醒,每個衆人盡己之力,啟動無比壯闊的航程。

1-1 | 如果血液還在買賣……

過了白露，天氣漸漸轉涼，濁水溪畔的甜根子草隨風搖曳，映照著暖暖秋陽，靜謐秀麗。

趁著秋高氣爽的美好天氣，吃過午飯，陳先生開車載著另一半及女兒，一家三口從台中西屯的家中出發，前往南投竹山鎮社寮里濁水溪畔的紫南宮。

停好車，他走到停放在水濂廣場的捐血車，一如往常依序驗證、填寫捐血登記表及面談體檢後，再上車捐血。

這對於五十幾歲、捐血捐了二、三十年的他來說，挽袖捐血已是日常。常陪他到處捐血的陳太太笑說，捐血是再簡單不過的事，她也忘了自己先生到底捐過幾次血，「應該有超過一百次吧。」

同一時間，兩百二十公里外的台大兒童醫院三樓治療室，張育禎斜坐在窗邊的治療椅上，望著和煦秋陽下優閒走在中山南路人行

道的行人，戴著耳機邊聽音樂邊輸血。

張育禎是重度海洋性貧血患者，出生三個月在中心診所就診即開始輸血，後轉至台大醫院確診為此遺傳性血液疾病，此後每兩個星期就必須到台大醫院輸一次血，同時打排鐵劑。

重度海洋性貧血患者的輸血日常

從有記憶以來，就過著和輸血、打排鐵劑為伍的日子，張育禎一直以為每個人都和她一樣，需要輸血打針。直到小學一年級，她還一派天真地問同學：「你們幾點要打針？」、「你們都去哪家醫院輸血？」

那些同學被問得滿頭霧水，反問張育禎：「為什麼要去醫院輸血？」、「為什麼要打針？」

從那天開始，她才意識到自己的與眾不同，是個比較特殊的小孩。因為過去幾年來，台大醫院都有一群和她年紀相仿的小朋友一起輸血，她認為輸血和天天打排鐵劑才是日常。雖然已過了近四十年，張育禎至今仍清楚記得，小時候的最大願望就是，有一天能夠像其他小朋友一樣不要常常打針就好了。

張育禎從娘胎出來沒幾個月，就得定期到台大醫院輸血以及自行施打排鐵劑，早期排鐵劑還專程從美國以處方箋帶回台灣。在當

時的有償用血年代，這兩種都要花錢買。

　　她每兩個星期輸一次血，每次是2個單位的洗滌紅血球，需要使用500cc的全血去製作。以當年1cc全血售價至少兩塊錢計算，張家每個月都要付出兩千元來買血。1980年，張育禎出生沒幾年，台灣國民平均年所得大約八萬元，換算下來一個月只有六千多元。不豐裕的收入加上當時健保尚未開辦，這筆輸血費用對這種一般家庭是很沉重的負擔。

經濟重擔，逼出落跑爸爸

　　早年，產前檢查並不普及，生下重度海洋性貧血的孩子勢必帶給家裡很大的經濟壓力，也因此出現不少拋妻棄子的「落跑爸爸」。

　　張育禎慶幸，自己的爸爸算是很有責任感的，為了她這個寶貝女兒很努力地賺錢，但爸爸也只是一般的上班族，媽媽則是國小老師，雖是雙薪家庭，仍過得很辛苦。逼不得已，張爸爸只好辭掉有份穩定薪水的工作，自己開公司，更努力賺錢。

　　早期醫療還不發達，像張育禎這種重度海洋性貧血患者，通常活不過二十歲。

　　張育禎記得小學三年級開學那天，她媽媽擔心導師和同學不了解海洋性貧血這種疾病，還特地到她的班上，走上講台跟全班同學

說，育禎是海洋性貧血的重症患者，經常要到醫院輸血，不能流太多血，所以千萬不能把她推倒害她流血。聽張媽媽這麼一說，同學都嚇死了。同學一看到張育禎，就躲得遠遠的，深怕一個不小心讓她跌倒流血，那就糟了。

張育禎回想，當時不管走到哪裡，同學們就自動地一分為二，空出一條通道好讓她通過，那是出於一番好意，卻讓張育禎有種被刻意疏離的排斥感，孤獨而寂寞。

我不認識你，但是我謝謝你

然而，日子悄悄地快速流逝，原本被認為只能活到十幾、二十幾歲的小女孩，竟然一路成長到今天，讓現已四十幾歲的她感到不可思議。

張育禎認為這一路走來，遇到太多貴人了，包括她的主治醫師、前台大醫院院長林國信，包括全民健保，當然更包括捐血運動協會和血液基金會，以及無數的捐血人。

張育禎曾經算過，她每兩個星期要輸500cc的血，四十多年下來，幾乎可以裝滿一座小型游泳池，她身上不僅流著上千人的血，也承載了滿滿的愛與祝福。

因此，她常笑說自己是個愛心血液存錢桶，只要多活一天，就

快樂新血

時　　間：
地　　點：
主辦單位：
請攜帶具有身分證字號和相片之證件

這張曾經紅透半邊天的海報，幾十年來，始終貼切反映著
受贈者的心情。

見證這些愛的偉大。對於那些不認識、也沒有見過面的捐血人，張育禎以捐血海報上小女孩的話「我不認識你，但是我謝謝你」，表達她的感激。那是1990年捐血運動協會一張紅透半邊天的海報，畫面簡單，只有一位抱著布偶的小女孩，但是她說的這句話，幾十年來，始終貼切反映著受贈者的心情。

張育禎不止一次地說，「生我者父母，延續我生命的，就是一群陌生人的愛心。」沒有那些人的愛心匯集，沒有一袋又一袋的無償捐血，沒有捐血運動協會和血液基金會上千名散布在全國各地辛苦付出的工作人員，她不可能活到今天。

就因為她的生命是太多的愛累積而來，張育禎看到世界的善良與美好，也有更多時間去探索這個充滿愛的世界。

血牛賣血，光怪陸離的年代

但一路走來，台灣的捐血事業並不順遂，過程中充滿挫折與挑戰，可說是關關難過但必須關關闖過。

台灣以農業奠基，1960年代開始發展工業，各項基礎建設如火如荼，經濟才要起飛，緊接著卻面臨台灣退出聯合國、全球石油危機、通膨等政經動盪，人民生活仍普遍貧乏，各大醫療院所也缺少血源及管理機制，用血以買賣為主，於是吸引一些人賣血貼補家

用，形成很獨特的「血牛文化」。

捐血運動協會理事長葉金川記得，早年台灣沒有無償捐血制度，醫院開刀或治療所用的血，絕大多數就是由這群俗稱「血牛」的有償供血者供應，他們群聚在全國十幾家大型醫院內外，向病人及家屬兜售自己的血。

這些血液，當然沒有經過確實檢驗，可能帶有各種病毒或其他未知的危險因子，一旦輸到病人體內就有感染之虞。

面對這群形同霸占醫院一個角落的血牛，院方想管也管不了，因為當時的血液幾乎全由他們供應，沒有他們的血，開刀和一些治療就得停擺。

執刀的外科醫師也是一樣，只能睜一隻眼、閉一隻眼，讓這些血牛在急診室和開刀房之間穿梭出入，雙方形成微妙的共生關係。

1975年葉金川在台大醫院當實習醫師時，曾在手術室裡吃到熱騰騰的肉粽和貢丸湯。當時他心想，台大醫院怎麼這麼貼心，他們這群小小實習醫師只是進開刀房幫忙拉個鉤而已，院方竟然還提供肉粽和貢丸湯讓他們填飽肚子。

後來他才知道，那些點心並不是院方提供的，而是血牛的一點心意，主要是給執刀的主治醫師和跟刀的護理人員享用，他們那群初出茅廬的小小實習醫師只不過恰巧遇上，他也因此深深感受到那群血牛無所不在且無所不能的存在感。

張育禎因患有海洋性貧血，每兩星期就要輸一次血，
身上匯集了無數愛心者的血，讓她能有更多時間去探
索這個充滿愛的世界。

在那個年代，沒有無償捐血，病人手術前，家屬要先備好所需的血，這也給血牛販售血液的機會。就算沒有醫師的處方，也不妨礙他們積極進行交易。

葉金川看過那些裝在玻璃瓶的血液，大都是深一點的粉紅色，「病人的血，都比這些血牛的血還紅，」他解釋，當年沒有間隔兩到三個月才能抽一次血供用的規定，血牛往往休息幾天就會再次抽血、賣血，血液濃度當然不足。

三十多年來保持國內最高捐血次數紀錄的張國森表示，賣血是那些血牛的謀生之道，為了出售更多的血，他們常在抽血之前大量喝水，血因此被稀釋了，顏色當然由深紅色轉為較淺的紅色。

急診室門口蒼白的面孔

血液基金會董事長侯勝茂是葉金川在台大醫學院醫學系的同班同學，他也親眼見識過血牛穿梭在台大急診室的神通廣大。

五十年前，他還是醫學系的學生，到台大醫院外科當住院醫師時，每兩天就要值一個晚上的班，非常辛苦。至今他仍記得非常清楚，第二年住院醫師就要開始守急診，那時候急診室門口總是聚集一大堆血牛，三三兩兩或蹲或站地閒聊，等著生意上門。

那群血牛大多是中年人，臉色也都顯得蒼白。每次有救護車響

著蜂鳴器到急診室門口，推下來血肉模糊的車禍傷患時，他們就一擁而上，而且立刻熟練地幫起忙來。

血牛比那群住院醫師更清楚該做什麼，他們會用最簡單的玻片法看血液凝集情況，主動幫醫護人員檢測傷患的血型，比如測得的是O型血，就問醫師手術可能需要用到多少O型血，「1,000cc！」聽到醫師匆忙拋下的一句話，幾個O型血的血牛就當場抽起血來，你500cc、我250cc、他250cc，再簡單和傷患的血比對，經醫師同意確定血液相容後，每瓶250cc、裝在玻璃瓶的四瓶血，就直接交到傷患家屬手上。

賣血也輸血，身體成血液轉運平台

前台大醫院血庫主任林東燦也憶及，1970年代，他在台大急診室當住院醫師時，急診室那群血牛是由一名部隊退下來的營長帶頭，他用帶軍隊的方式，把底下靠賣血維生的一群人，分成A型、B型、O型和AB型等幾個大隊，只要有病人急需用血，就依序找相同血型的人輪流去抽血。

當年林東燦曾發現，某個血牛兩天前才來抽過血，怎麼今天又來抽血了？他不禁納悶，就算造血功能再好，也不可能短短兩天就造出另一批新鮮的血。

　　後來和對方較熟了，他就問那位血牛：為什麼可以在這麼短的時間內再來抽血？難道不怕身體承受不了？

　　「林醫師，沒關係的，我口袋裡有六十塊錢能回到榮總就OK啦。」

　　原來，對方有榮民身分，到台北榮民總醫院就醫不用錢。也因此，他們通常在台大急診室抽完血後，立即跳上計程車，直奔榮總急診室，如果檢查發現有貧血情形，就躺在病床上輸血，輸完血後再回台大醫院排隊賣血。

　　那一瞬間，他才知道原來有些血牛是拿自己的身體當運輸工具，在抽血和輸血之間來回移動，這一邊輸血，那一邊賣血，痛的只是皮肉，賺的是錢，做的是無本生意。

　　曾獲頒2012年台灣醫療典範獎、台大醫院退休後轉往血液基金會及台北捐血中心服務至今的醫師王秋華，回憶起六十幾年前在台大急診室當實習醫師時的點點滴滴，也覺得那群血牛真是無所不在、無所不能。

　　他們通常在外面的檢驗院簡單驗個血型和梅毒，有張屬於自己的小血卡。如果急診有需要緊急輸血的傷病人，比如車禍外傷、消化道出血或是血小板太少導致血流不停的血液科病人，血牛就會走過來，主動詢問誰要用血、需要什麼血型的血。

　　王秋華說，那個年代還沒有醫用級PVC材質的血袋，從血牛身

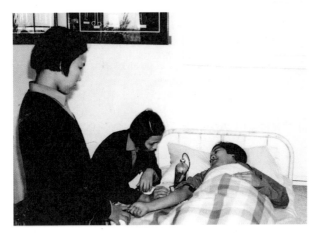

早年捐供血採用玻璃製捐血瓶，後來因不利血液離心機使用而汰換。（圖片提供／王郁棻）

上抽下來的血,就直接裝在真空玻璃瓶裡,每瓶容量250cc,通常一人一次抽一瓶,最多一次兩瓶。

玻璃瓶內的血液放久了會自然沉澱,並依密度高低分成三層,最下層的是紅血球,中間薄薄的一層是白血球和血小板,懸浮在最上層的則是血漿。王秋華記得,她們會將一根有很長針頭的注射筒插到玻璃瓶裡,抽取所需要的成分,提供給不同需求的病人。但一針下去,萬一不小心攪動了,就會破壞血球的分層結構,造成成分混合,很難抽到想要的血球成分,特別是血小板和白血球。

檢驗從簡,潛藏巨大風險

當年台大急診室通常擠滿了傷病人,醫護人員個個忙得不可開交,那些前一刻才抽完血的血牛,就逕自幫忙驗起血來。

血牛驗血採取很簡單的做法。一張玻璃片,先在上面各滴一滴黃色的液體及藍色的液體,再把病人的血分別滴在兩個不同顏色的液體上,會跟藍色液體凝聚的就是A型,會和黃色液體凝聚的就是B型,兩個都不會凝聚的是O型,至於兩個都會凝聚的則是AB型。

血型確定後,血牛接下來會拿出另一張玻璃片,在上面滴一滴生理食鹽水,再把一滴病人的血和一滴他自己的血,滴在生理食鹽水上攪一攪,看會不會凝集,如果不會凝集,代表兩個人的血是相

合的，可以使用。

「你要多少血？」確認血型，也確認雙方的血是合的，並談妥條件後，血牛就拿出抽血用的玻璃瓶，當下抽起自己的血來。抽完後就直接交給病人家屬，好讓對方趕緊送到開刀房。

王秋華記得，當時的賣血行情，1cc是新台幣兩塊錢，有些血牛會跟家屬說：「救命要緊，這一、兩瓶血你們先拿去用，錢不急，以後再說。」他們知道在如此緊急的情況下，給點方便，家屬會感念在心，錢遲早會進口袋。

她觀察發現，那些血牛通常家境不太好，孩子生病了要錢、自己生活困難要錢，找工作又不容易，但賣血只要伸出手即可，簡單多了。只是錢賺得快，後來就變成一種習慣，他們從此賣血維生。

其中，不少血牛染上吃喝賭等惡習，常一堆人聚在台大醫院門口賭起來，讓院方相當頭痛。當年院長邱仕榮覺得這些人不能再這樣混下去，應該去找個正常工作，有空再回來，因而輔導他們成立皇家計程車公司，轉換跑道。

然而，台大醫院的這份苦心並沒有收到預期效果，大多數血牛還是過著賣血賺錢的日子。其實，他們的血液濃度不足還是小事，未經檢驗所帶來的感染風險才令人擔心，但在那個血液來源普遍不足的年代裡，病人為了活命，只能無奈接受。

幸而，改變的浪潮逐漸掀起。

1-2 | 1974關鍵年

早在十七世紀，西方就有人類輸血的實體紀錄，但直到二十世紀初第一次世界大戰，由於傷兵太多，輸血技術才快速發展起來。

二次世界大戰期間，美國在華醫藥促進局（American Bureau for Medical Aid to China, ABMAC）於1943年在上海協助設立首座現代化血庫，並引進最新觀念與技術。

隨著政府播遷台灣，紅十字會和美國哥倫比亞大學合作訓練首批血庫作業人員，並於1952年年底在紅十字會設立台灣第一個大型血庫，委由紅十字會營運及管理，從此拉開台灣現代捐血序幕。

從紅十字會邁向捐血運動協會的關鍵一步

接下來的兩年內，紅十字會陸續在台中、高雄、台南、嘉義、

花蓮和台東的省立醫院設立血液銀行，同時與台灣省政府衛生處簽約，明訂血液募集、供血調度及衛生標準等血液作業事項，均由紅十字會負責。於是，紅十字會台灣省分會在1955年7月1日成立「血庫管理委員會」，掌管血庫運作，並推動捐血運動。

然而，當年國人觀念保守，普遍認為血液是人體精氣神的主要來源，不應輕易捐給他人，加上當時又有一大群「血牛」盤據各大醫院兜售血液，在供需無法平衡的現實環境下，形成一個幾乎由血牛壟斷的血液供應鏈，不僅直接衝擊病人用血安全，增加醫療負擔，也有損國家形象。

當時擔任血庫管理委員會執行委員的季怡認為此風不可長，因而著手籌設捐血機構，並敦請時任紅十字會台灣分會會長的蔡培火出馬主導。

供捐血中心的全台部署

在蔡培火積極奔走擘劃下，熱心公益的機關、社團、學校、企業及個人全力支持，捐血運動協會於是在1974年正式成立，台灣從此朝向醫療機構所有用血全都來自無償捐血的目標，跨出至關重要的一步。

1974年4月19日，捐血運動協會在台北市中山堂舉行成立大

會，選出第一屆理監事，理事長蔡培火，副理事長顏春輝，總幹事則為季怡。同年8月1日，成立台北捐血中心，並由季怡兼任中心的首任主任。

隔年的1975年5月，捐血運動協會以及台北捐血中心的作業場所，從台北市重慶南路二段82號，遷移到台北市潮州街22號。

接下來，各地捐血中心也陸續成立，分別是1975年台中捐血中心、1976年高雄捐血中心、1981年台南捐血中心、1991年花蓮捐血中心，以及1992年的新竹捐血中心，一步步建置部署全台捐供血網絡。

當年成立之初，各地捐血中心主任大都由素有名望的地方人士擔任。像是高雄捐血中心的首屆主任，便是由在醫界、政界皆聲望極高的吳基福擔任。

吳基福出身高雄旗山書香門第，中學畢業後即赴日本習醫，鑽研眼科，在取得博士學位後返台，致力於造福眼疾患者。

後來，為了推動醫療法案，吳基福決心進軍國會進行改革，1969年以五十多萬票的高票當選終身職立法委員。為了國民健康吳基福不遺餘力，1976年高雄捐血中心成立，他應協會聘請擔任中心主任。

台中捐血中心首任主任施炳坤原是擔任教職，因投身台中紅十字會服務，為疾病預防工作經常不辭辛勞深入偏鄉服務，熱心公

中華捐血運動協會台北捐血中心1974年8月開始運作，設
址台北市重慶南路，邁出台灣社會自願無償捐血的第一步。

益，也因此有感於台灣捐血事業不受社會重視，輸血病人只能倚靠買血，家庭難以負荷也不利醫療，不僅多次自費赴日本考察，返國後更積極提倡捐血運動。

在紅十字會血液銀行負責人季怡鼓吹下，施炳坤參與捐血協會的催生，也接下了台中捐血業務重責。他在擔任台中捐血中心主任期間苦心經營，募血量迅速成長，直到屆八十高齡才退休。

為提升捐供血作業效率，各地捐血中心再逐步進行組織精實調整作業。花蓮捐血中心於 2017 年改制為花蓮捐血站，改隸台北捐血中心；2023 年台南捐血中心改制為台南捐血站。

「3S+4R」操作準則

各捐血中心陸續成立後，全力朝所有醫療用血都為自願無償捐得的目標努力，同時參考劉禎輝教授在台大血庫的供血者管理辦法及嚴格檢查，以確保血液品質。此後，也極力倡導輸血安全及正確用血的觀念，在中華民國血液病學會（1972 年成立）與台灣輸血學會（1987 年成立）和各界專家的協助及努力下，實施「3S+4R」操作準則，確保血液品質。

所謂的 3S，是指血液檢驗要確實做到及採用的方法「靈敏」（Sensitive）、「專一性」（Specific）及「速度」（Speed）。

　　至於4R，則是指供血要有輸血安全、安全輸血及正確用血的觀念，因此要確保「從合適的來源獲得血液」（get the blood from Right source）、「正確的輸血適應症」（Right indication of blood transfusion）、「選擇正確的血液成分」（select Right blood component）、「在正確的時機用血」（use the blood at Right time）。

　　不過，捐血運動協會成立第一年，8～12月僅募到3,817單位（每單位250cc）血液，相較於各醫療院所每年的用血量，可說杯水車薪，就算是接下來的幾年裡，成長也有限。

　　為因應重大災變或戰爭需大量輸血時可以即時救援，1977年6月協會還特別組設「捐血報國急救隊」，依四種血型編列四大隊，並按地區分別中隊及分隊，召募到隊員三千名。

　　根據2021年元月出版的《台灣血液學的鼻祖，抗癌化學治療之父：劉禎輝》內文所述，1978年台大醫院所需年用血量是46萬8,000cc，扣除捐血中心所提供的，還有12萬6,000cc的缺口，台北榮總當時的缺口更高達90％，至於其他醫院，也都經常面臨無血可用的窘境。

　　但無論如何，總算跨出自願無償捐血最重要的一步，社會大眾從此逐漸有了捐血救人的觀念，挽袖捐血的人逐年增加，募到的血量也隨之上揚。

　　回首募血初期的艱辛，在捐血運動協會成立第三年，1977年就

來報到的叢萍聊起動輒四、五十年前的陳年往事，常讓人有走入時光隧道的驚奇感，透過紀錄，也讓台灣近半世紀來的捐血事業，再度鮮明地呈現每個人眼前。

半世紀募血奮鬥

台北護專畢業，叢萍選擇到三軍總醫院麻醉訓練班接受嚴格訓練，但她生性喜歡和人互動，幾年後離開整天待在開刀房和病房的臨床工作，轉換跑道到捐血運動協會的台北捐血中心服務。

當時，國人仍有「身體髮膚，受之父母，不敢毀傷，孝之始也」的傳統觀念，更認為每滴血都充滿了精氣神，不能隨便捐出去，導致捐血風氣低迷不振。他們積極鼓勵大家捐血時，往往得到的是冷淡回應，有些人甚至直接表明，寧可捐一千元也不要捐血，讓他們哭笑不得。

當年，捐完血後，捐血中心會把用血通知單寄給捐血人，讓他知道先前捐的那一袋血已在哪天用在哪位病人身上，讓捐血人確實感受到一份成就感，也才會持續不斷地再來捐血。這原本是捐血機構的一番好意，也對召募血源有很大的助益，但因涉及用血人的隱私問題，該項措施因此作罷。

另外，每次捐完血後，捐血中心會將檢驗報告寄給捐血人，但

對部分年輕學生來說，反而造成困擾。

　　原來，寄到家裡的那張檢驗報告被家長看到，邊看邊罵，「你這個傻瓜笨蛋！怎麼跑去捐血啊？！」罵得那些學生下次再去捐血時，再三拜託捐血中心工作人員，千萬不要再把檢驗報告寄到家裡，免得又被罵。

　　要改變「一滴血，一滴精」那種根深柢固的傳統觀念，可說難之又難，但捐血運動協會的工作人員不畏艱難，總是愈挫愈勇、積極面對，花更多力氣宣導捐血救人的好處。

到府服務，珍惜每一袋血

　　就因為在那個捐血風氣尚未打開的年代裡，任何一袋血都彌足珍賞，捐血中心甚至還提供「到府採血」的貼心服務。

　　叢萍記得是 1978 年，也就是她到台北捐血中心工作的第二年，有一位民間社團負責人忙到沒空到位於台北市潮州街的台北捐血中心捐血，她就背著裝了磅秤、血壓計、血袋等採血相關器具的小箱子，搭車直奔對方家裡，採完那袋血後，再搭車返回捐血中心。

　　回想起為了幾袋血必須四處奔波的往事，叢萍並不覺得苦，因為有人主動打電話上門表明要捐血，總比他們到處找血源來得輕鬆許多。

　　早期台北捐血中心規模不大，既沒有企劃課，也沒有採血課，所有開發血源和採血的工作，都是業務課一肩挑起。叢萍常和另一位護理人員兩人一組，開著廂型車沿著濱海公路往宜蘭的方向走，只要看到駐防部隊的營區，或是海防部隊的獨立崗哨，就趕緊停車，向門口衛兵表明身分及來意，再請衛兵向長官通報。

　　如果有機會見到部隊長或輔導長，她們會再次表明是台北捐血中心的護理人員，跟對方說最近很缺血，是否能安排捐血活動，好讓部隊裡的弟兄可以捐血救人。

　　看她們如此認真，加上捐血又是件利人利己的公益活動，大部分部隊長都會同意，同時協助安排捐血地點、時間和可能捐血的人數，叢萍和同仁再根據規模大小，安排足夠的人力和器材，在約好的時間前往指定的地方採血。

長桌鋪床單，成克難採血床

　　到部隊採血，大都選在週四，因為那天是莒光日，官兵幾乎全員到齊上課。她們到了部隊後，就趕緊把磅秤、血壓計、血袋、牛奶和餅乾等物品搬下車，將部隊提供的幾張長桌併在一起，上面再鋪條床單，就成了一張張簡易的採血床。

　　設備雖然克難，該有的步驟一樣也不能少，從填寫個人基本資

無論如何因陋就簡，早期至部隊採血，該有的步驟一樣都不能少。（圖片提供／叢萍）

料、一對一面談、檢測血色素到量血壓，確定都沒問題後，再請阿兵哥及領導幹部躺上臨時鋪好的採血床，逐一採血。

至於採血地點，通常視部隊規模大小而定，可能是大禮堂，可能是中山室，也可能是阿兵哥的寢室。叢萍就曾到過左右兩排全都是上下通鋪的大寢室，她也只能因陋就簡，在值勤班長桌子的旁邊找一個下鋪，在床上鋪條床單，蹲在地上採血。

如果是海防崗哨，那就更簡陋了。捐血團隊通常開著捐血車載另一位護理人員從台北出發，沿著濱海公路一個崗哨、一個崗哨聯繫妥當後，再調派捐血車前來採血。

血液有效期保存且有溫度的限制，只要是出門到較遠的地方採血，捐血團隊都會攜帶專用的小冰箱，裡面再放幾個凍得硬硬的冰寶，把當天採的血存放在裡面，一整天採血作業結束後，再原車及時載回捐血中心保存。

那些辛苦採回來的血，一袋也不能少。曾有一次，不管她們怎麼清點，就是少一袋，急得大家到處翻找，最後在椅子後面的縫隙裡找到那袋血，所有人才鬆一口氣，在夜幕低垂中，拖著疲憊的身軀下班回家。

「願意捐血的都是充滿愛心及正能量的人，臉上總是掛著笑容，」工作雖然辛苦，從那些捐血者身上，叢萍找到歸屬感，從此無怨無悔地付出近四十年的青春歲月，直到 2016 年才退下來，之後

接任中華捐血人協會理事長,以另一種方式服務捐血人。

再偏遠的海防崗哨也不放過

　　若事先安排好再到部隊採血,效果都相當好,如果營長、連長及輔導長等長官帶頭捐血,多少會有示範作用,加上捐血通常又可放一天榮譽假,士官兵們常搶著排隊捐血,捐血率有時可高達九成以上。

　　台中捐血中心主任林冠州也把部隊視為最佳救援,只要預期未來幾天可能缺血,他的同仁就會先和部隊預訂採血時間,再開車一一前往。

　　台中捐血中心行政組組長楊梅英回憶,以前當採血課課長時,就曾到彰化鹿港海邊的海防崗哨採血,車子開在一大片魚塭的狹小產業道路上,稍不小心就可能翻車,驚險萬分。雖然可能只採到兩、三袋血,但少總比沒有好,多跑幾個據點,就能解燃眉之急。

　　新竹捐血中心主任王雲龍也有類似經驗,早年他擔任宜蘭捐血站站長時,有時會開著車子大街小巷號召民眾來捐血,一整天下來卻沒有任何進帳,只好改去海防部隊繞一圈,多少還可以採幾袋血回來,不至於掛零。

　　台北捐血中心主任林敏昌回想起以前當桃園捐血站站長時,也

常要開小型捐血車到偏僻的海防崗哨採血。那時候他還不太會開車，海邊的路既彎且陡，他開的是手排車，每次上坡起步時，一邊踩煞車又要一邊換檔，不僅搞得他手忙腳亂，同車的幾位護士更是被嚇得半死。

不管多累多苦，那些守護大城小鎮，甚至是偏遠山區和濱海一隅的國軍弟兄，從沒讓這群採血人員失望，也許一次可能只採到幾袋血，但在血源不足的年代裡，對他們都是珍貴的收穫。

為了血源，足跡踏遍台灣

「前輩的腳步太重要了，」高雄捐血中心主任洪啟民讚嘆，各地捐血中心都曾有一些奇人，就因為他們的努力才有今天的成就。

那些前輩曾一再教他，「只要看到有插國旗的地方，裡面就有捐血人。」這句話讓他至今仍受用無窮。

洪啟民解釋，會插國旗的地方，不外乎政府機構、部隊、學校和大企業，而這些都是最常配合捐血活動的地方，只要和對方保持良好關係，就能讓病人有血可用。

他認為，這是智慧的結晶，更是經驗的累積。在前輩的經驗傳承下，他們開車到屏東、台東等較遠地方採血時，到了一個定點，主管往往會在部分同仁下車作業後，開著車子繼續往前走，尋找下

一次可以接觸的對象，這時候國旗就成了他們的指標。

　　洪啟民說，有些外人很少踏足的地方，沒有部隊電話，營區門口沒有地址，沒有部隊番號，寫信也寄不到，他們只能親自走到現場，看到國旗，再判斷是否可以募血。順利的話，可以先和部隊長打聲招呼，再找時間安排相關事宜。

　　經驗多了，他們通常知道在深山的哪個角落有部隊，或是在哪個人跡罕至的海濱有海防崗哨，甚至知道裡面大概有多少士兵。洪啟民因而笑說，他們這群為了找血無處不到的人，恐怕才是國安單位最需要列管的對象。

　　洪啟民早年在台北捐血中心當採血課課長時，護理同仁只要到大屯山雷達站採血，快結束採血作業時，都會拜託醫官打電話要他上山去收血，同時交代他記得帶件外套。

　　當時他心想，台北市區還熱得要命，山上不會冷得那麼誇張吧？！沒想到才下車，一陣寒意迎面而來，嚇得他只好趕緊把外套穿上。

　　叢萍也有類似經驗。有一年的12月，她到大屯山雷達站採血，就穿了厚厚的雪衣，那種滲到骨子裡的冷，至今難忘。

　　前輩的經驗傳承，洪啟民也傳給下一代。高雄捐血中心企劃課一位才二十幾歲的年輕女生，負責規劃左營海軍基地的捐血作業，她到了港邊，一看就知道停在遠處的那艘是什麼軍艦、靠近一點的

那艘又有多少人，讓他有青出於藍的成就感。

「這就是經驗傳承，」洪啟民認為，唯有把經驗一代代傳下去，再加上用心經營，走過半世紀的台灣捐血事業，才能繼續往下一個五十年走下去。

1-3 | 專家、政府齊心開創歷史

　　回想起四十幾年前的那段往事，林媽利至今仍歷歷在目。

　　1981 年，林媽利剛從美國回到關愛的故鄉台灣。她是位病理專家，馬偕醫院卻未讓她去做擅長的解剖病理，而是到檢驗科從事臨床病理，後來她想了想，選擇到該院血庫工作。

　　第一次走進馬偕醫院血庫，林媽利放眼望去，看到的只有一位醫檢師、一張桌子、一台冰箱，以及放在檢查室的一台離心機，環境簡陋得讓她大為吃驚。

　　更讓她驚訝的是，那台離心機除了用在輸血檢查，連大便、小便的檢體也放進裡面旋轉離心。光想到那幅景象，再想到可能出現的交叉汙染，就不由得她膽顫心驚。

　　那時候的輸血前檢查，仍是用最簡單的鹽水玻片法，在林媽利看來，那是最原始、也是最危險的方法。這種方法是在玻片進行的

48

直接凝集反應，相當簡便，且能在數分鐘之內測定出A、B、O血型，但在測定血型時，溫度必須控制在攝氏20度左右，如果低於攝氏10度，容易出現冷凝集現象，造成假陽性的錯誤診斷，危及用血者安全。她隨即改成比較安全的試管法，同時要求醫檢師改用試管，並教導怎麼搖，怎麼看試管裡的血液有沒有凝集。

當時，另一個讓林媽利難以想像的是，竟有成群的有償供血者進出血庫，也就是俗稱的「血牛」。因為那個年代由捐血中心供應的無償捐血仍遠遠不足，醫院開刀或治療所需用血，大部分還是得仰賴他們，後來她發現當時台灣大部分的醫院血庫都是如此。

林媽利認為不能再這樣下去，在她所受的醫學教育裡，從來不會有血牛，也不應該有血牛，因為那對病人太危險了。她進一步解釋，血牛為了賣血維生，就算生病或感染了也不會講出來，以免斷了生路。也因此，那些血牛供應的常是禁不起嚴格檢驗的血液，可能帶有各種已知或未知的病毒，對病人安全帶來很大威脅。

台大醫院造冊管理逾三千血牛

其實，很多醫院都知道血牛所賣的血充滿風險，也試著降低這種風險。

台灣血液學開山始祖、台大醫院實驗診斷科主任劉禎輝無法坐

視這種亂象不斷重演，為了病人輸血安全，就必須嚴格把關血液品質，因此1965年10月台大醫院率先成立台灣第一座醫院血庫，從此台大醫院輸血前的各項檢驗都自己做，進而開啟台灣的血液事業。繼劉禎輝之後，林國信兼任血庫主任，再由沈銘鏡、林東燦及羅仕錡等人接手。

　　當年在台大血液科服務的王秋華記得，為了提高輸血品質，院方先造冊建立名單，不管是有償供血或無償捐血，只要是捐血人就要登記，填寫姓名、性別、出生年月日、血型、供血日期及供血量等基本資料，接下來再做梅毒、血球、血紅素、抗原等檢驗。

　　沈銘鏡當時甚至還會要求捐血人躺好，摸摸他們的肚子，看看肝臟有沒有腫大，順便確認有無黃疸，算是基本的健康檢查。

　　有了名冊後，便要求捐血人只要來台大醫院抽血就得登記，以便確實掌握他們哪一天曾捐過血，以及抽了多少血；再要求他們必須要等兩個月或三個月之後，才能再來供血。

　　只是上有政策、下有對策，這些血牛為了生計，總是可以找到變通之道。林東燦記得，當年在台大登記的有酬供血者多達三千多人，如果這家醫院規定比較嚴格，他們就到別家醫院賣血，管不勝管，病人輸血依舊充滿風險。

　　為增進血液品質管制、檢驗技術改進及其他有關血液採集等技術性問題，捐血運動協會成立後三年，1976年成立了「技術指導

委員會」，特聘專家學者為委員做為諮詢對象，首屆委員包括劉禎輝、三軍總醫院血液科主任黃雲飛、美國海軍第二醫學研究所博士畢思理等人，據此協會得以獲取許多專家意見。

影響深遠的一場會議

而在1983年舉辦的一場血液科技研討會，更對台灣用血安全帶來深遠影響。

在時任行政院政務委員李國鼎及衛生署署長許子秋全力支持下，行政院科技組、國科會、衛生署及教育部等部會，於1983年8月5～11日，在榮民總醫院研究大樓聯合舉辦「中華民國第一屆血液科技研討會」。

那是我國首次舉辦的血液科技研討會，莊以寬、李昌林、黃書聰、李政道、王定揚及林義盛等六位留美的血液研究專家專程回國外，還有國內各大教學醫院血液科、免疫科、血庫、捐血中心醫事檢驗等兩百多名專家學者參加，盛況空前。

為期一週的研討會，討論主題相當多元而廣泛，包括致力國內血液成分療法的推行，及血液分層技術的普遍化；建立輸血問題與親子鑑定問題的科學處理原則；探討當前白血病治療骨髓移植的輸血支持問題；全面推廣自動化血液分離輸血與血液分離治療術；以

1983年舉辦的「中華民國第一屆血液科技研討會」，對台灣用血安全帶來深遠影響。
（圖片提供／林媽利）

及在各大醫學中心建立最完善的血庫諮詢實驗室等，為我國血液事業的長遠發展奠定基礎。

參加那場盛會的李昌林是血液免疫學和血型專家，曾寫過有關血液的教科書，林媽利就參考該本教科書中的部分資料，另寫了一本《輸血醫學》；至於李政道則是國際組織抗原專家，致力推動骨髓資料庫的建置。

眾人皆知，李國鼎是台灣半導體產業的重要推手，事實上知才善任的他，對於台灣的血品安全及政策發展也貢獻良多。1983年血液科技研討會議之後，李國鼎特別邀請美國紐約捐血中心主任卡爾納（Aaron Kellner）來台交流。

卡爾納是血液和動脈硬化領域的國際權威，曾任美國血庫協會主席，在全球血液界享有盛名。他回美國後，寫了一篇〈台灣的國家血液政策〉，台灣後來的血液政策就是根據他的建議制定，對台灣醫界影響深遠。在那篇血液政策的建議書中，他就認為應盡速讓血牛絕跡，全面提供無償捐血。

當時衛生署署長許子秋非常認同卡爾納的見解，也深感用血安全的重要性，有意徹底解決血牛亂象，卻遭到重重阻力。

當年，全力推動無償捐血的捐血運動協會因隸屬內政部管轄，就算衛生署想整頓血牛，也無從使力。更何況，在推動全民參與捐血運動下，捐血量雖由第一年、1974年還不到4,000單位，經過

十年，快速增加到 45 萬 4,941 單位，仍無法滿足醫療院所用血的需求，血牛依然存在，甚至還要求調漲血液賣價，當時不少醫師也認為要捐血中心擔起全面供血責任太難。

醫院血庫及捐血機構評鑑，扭轉局面

回首那段歷史，捐血運動協會理事長葉金川感觸很深。

1984 年，行政院政務委員李國鼎赴美開刀，有感於國人無法都像他有能力、有管道到國外接受治療，因此請許子秋研擬因應之道，醫療網就在這個時空背景下成形。

那時葉金川才從哈佛大學進修回台灣大約兩年，先在衛生署保健處工作，不久升任醫政處處長，1985 年醫療網便在他的規劃下著手推動，第一期就把血液供應機制列為重要事項，並找捐血運動協會討論，一起解決用血問題。

在醫療網正式上線之前，衛生署開始推動的省立醫院改革計畫，也將血液安全列為重點，進而實施醫院血庫及捐血機構的評鑑作業，要求醫院不應使用有償血液，如果醫院提供有償血液的血庫還繼續存在，醫院評鑑就不會合格，進而失去教學醫院的資格。衛生署也建議捐血運動協會，既然是血液專責機構就應全面提供醫院所需用血。

林媽利（左2）等血液專家為推動用血安全促成許多國際交
流。（圖片提供／林媽利）

　　林媽利在當年也參與了省立醫院血庫的評鑑作業，同時制定醫院血庫及捐血機構設置標準。當時她年輕氣盛，非常在意用血安全，對捐血運動協會及所屬各捐血中心有很高的期許，要求也多，常給人凶巴巴的感覺。

　　「我也不知道那時候為什麼那麼凶，」高齡八十五歲的她，2023 年夏末午前，在淡水馬偕醫院她那間小小的研究室談起陳年往事時，也不禁莞爾。不過她強調，身為輸血專家，而且又是醫院血庫和捐血機構的評鑑委員，該講的她還是要講，「我如果不講，將來一定會後悔。」

　　基於這個理念，那時候她不僅想講就講，甚至還當著捐血運動協會理事長魏火曜的面說，既然政府給了這個獨占事業，協會就有責任給大家所需要的血，「這是你們一定要做到的。」

　　她還說，捐血運動協會既然是供血機構，且血液都來自民眾的無償奉獻，就不能再對醫院有「我有多少血，就給你多少血，你要很滿意」，這樣的態度，她認為那是不對的。

　　魏火曜曾是台大醫院院長，是位備受敬重的醫界大老，如此直白的言詞，她後來都覺得有點過頭了，直說不好意思，有段時間都不敢去見魏火曜。

　　醫院血庫和捐血機構的評鑑逐漸上路，各地捐血中心提供無償捐血的數量穩定增加，衛生署規定不能買賣血液，也才有能力去關

閉各醫院的有償血庫。

1987年省立醫院的血庫正式廢除，但由於當時捐血量仍不足，捐血運動協會及幾家醫院便大力推動「親友互助」的方式鼓勵捐血，只要捐血人的親屬皆可享有優先供血的待遇，血液材料工本費也會依捐血數量予以優惠。

後因1987年年底血源告缺，緊急施行「即捐即領」辦法以解決燃眉之急，1988年修正為「親友緊急互助」辦法，凡未曾捐過血的民眾因緊急需求領血，必須請其親友捐血，捐血中心會開出「親友互助」捐血憑單，持有人可於三天內持單向捐血中心或各醫療院所血庫領用。但隨著時代進步，為落實自願無償捐血觀念，辦法才逐漸廢除。

捐血運動成為國家政策

捐血運動除需仰賴眾人之志，政府的支持也是關鍵。

為了以實際行動來提高捐血量，1978年3月，第一屆國民大會第六次會議召開期間，黃卷雲、蘇銘芳、葉光等一百二十三名國大代表提出：「請政府輔導捐血運動，列為國家施政政策，擴大捐血成果，解決醫療用血問題，以維護國民健康，並適應反攻軍事之需要案」，獲得大會通過，送請政府切實辦理。

　　同年4月，捐血運動協會假台北市中泰賓館九龍廳舉行第五次會員大會，理事長蔡培火致辭感謝國人的愛心奉獻，四年來累積各型血液十二萬五千餘單位，救活無數患者性命，但他希望有更多熱心人響應捐血活動。

　　那天的活動，還邀請內政部次長劉兆田、衛生署署長王金茂及中國國民黨中央黨部社工會副主任鄭森棨等貴賓出席。劉兆田致辭時特別以「為者常成，行者常至」，勉勵捐血運動協會只要腳踏實地往前走，就會成功，社會大眾雖然還不太能認同捐血這件事，但可以加強宣導，告訴大家捐血是利人利己的事情。

　　相距約莫兩個月，1978年6月《捐血簡訊》雜誌雙月刊（1987年改成《熱血雜誌》月刊迄今）隨即發行，免費函寄會員及全台公家機構，為政策及捐血活動發聲，也傳遞血液專業常識。

　　黨政要員的以身作則也起了作用。1981年中國國民黨第十二屆中常會第一次會議，黨主席蔣經國對於中央評議委員何應欽、蔡培火等人在中央評議委員會議中提案，敦促加強推動捐血運動發揮仁愛精神一事，表示支持，並要求全體黨員率先踴躍捐血，以示與民眾永遠站在一起、血濃於水的感情。

　　蔣經國「血濃於水」的號召，立即獲得熱烈響應，全國紛紛發起捐血運動，各地捐血中心統計的捐血量，比往年同期多出許多。那年的6、7月間，陸軍弟兄光是在台北捐血中心就捐了一萬多單位

鮮血，各醫療機構用血得以充分供應。

　　就在同一年，《國語日報》也發起「捐獻捐血車運動」，台北市有五十四所國小學生熱烈響應，以捐糖果錢代替捐血，原預計捐贈一輛中型捐血車，結果捐款超出預期，款項總共購買了中型捐血車、小型捐血車及小型血液冷藏車各一輛。

　　為了乘勝追擊，1981年12月捐血運動協會技術指導委員會決議，放寬捐血標準，體重超過六十五公斤的男性一次可以捐500cc血液，至於捐血前健康檢查標準則暫不改變。

總統發表捐血文告

　　在邁向卓越的過程中，歷任總統也全面支持。

　　除了有總統蔣經國以中國國民黨黨主席身分，在該黨第十二屆中常會第一次會議中，支持中央評議委員何應欽、蔡培火等人「敦促加強推動捐血運動，發揮仁愛精神」的提案；李登輝繼任總統後，1993年元旦也特別發表捐血文告，呼籲國人發揮「人飢己飢，人溺己溺」的仁愛精神，踴躍加入捐血救人的行列。他自己也是快樂的捐血人之一，更是我國第一位發表捐血文告的總統。

　　總統陳水扁也延續國家元首於元旦發表捐血文告，並於2001年6月7日在總統府接見年度績優捐血人時，請祕書長安排總統府的

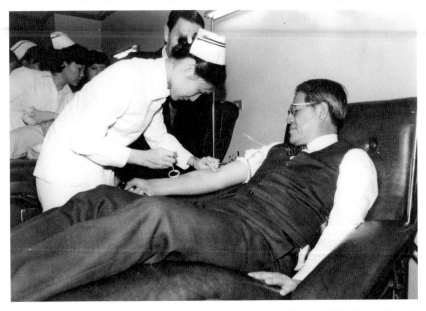

李登輝（右）在繼任總統後，不僅於元旦特別發表捐血文告，也實際加入捐血救人的行列。

官員一起捐血，做為公務員的表率。

　　總統馬英九則是捐血常客，總是利用公務之餘捐血，至今已捐了兩百多次。他曾分享第一次捐血是在大學時代，因為看到身材瘦小的醫學系學姐都定期捐血，激發起「有為者亦若是」、「大丈夫當如此」的雄心壯志，從此成為快樂的捐血人。他在總統府接見年度績優捐血人代表時強調，台灣每三個人就有一人捐過血，說台灣是個熱血國家一點也不誇張。

　　八年任期內，總統蔡英文每年都會接見績優捐血人代表，感謝他們為台灣社會增添許多溫暖，同時肯定血液基金會長期對於維持捐供血平衡、用血安全及環境永續所付出的心力。

　　2024年當選總統的賴清德，則是在他擔任台南市市長期間便多次帶頭捐血，任職副總統時也曾在枯血期號召國人踴躍挽袖，並以民進黨黨主席身分，於該黨中常會下令全台各縣市黨部發起捐血運動，解決缺血問題。

　　上自總統，下至一般升斗小民，不難看到大家齊心為捐血事業努力打拚的身影。

捐血量破百萬單位，血牛終退場

　　1991年，國民捐血率來到先進國家水準的5.18％，捐血量首度

突破100萬單位，從此醫療院所所有用血百分之百來自無償捐血，不僅寫下歷史，數十年來在醫院內穿梭自如的血牛，也從1992年起消失無蹤，台灣的醫療用血從此邁入全新階段。

那是一頁波瀾壯闊的歷史，更是一段熱血沸騰的歲月。「捐血一袋，救人一命」成了琅琅上口的流行用語，挽袖捐血幾乎成為全民運動，甚至引起國際重視。

1996年，國際知名的《輸血雜誌》（ *TRANSFUSION* ）第36卷刊登的一篇論文，提到全球十五個捐輸血最好的國家，台灣就名列其中，其他還有美國、英國、日本、澳洲和法國等先進國家。這些國家都認為，台灣推動無償捐血不過才短短二十年，就有這般亮麗表現，真是了不起的成就。

好，當然還要更好。衛生署隨即成立國家血液諮詢委員會，制定國家血液政策，馬偕醫院也設置血液諮詢實驗室，任何醫療院所如果輸血碰到了問題，不管是擔心輸錯血、沒辦法輸血，或是輸了血有不良反應，都可以把血液檢體寄到該院，林媽利和其團隊找到解決方法後，再一一回覆對方，或是直接告訴對方該怎麼做，一起提升輸血品質，確保用血安全。

在國際輸血醫學界，林媽利的名氣響亮。

早年華人除了A、B、O這幾個主要的血型外，不知道還有其他血型，1990年林媽利帶領研究團隊研究發現，比Rh血型更罕見的

米田堡（Miltenberger）血型在台灣竟占了3%～6%，人數是Rh D
陰性血型的二十倍，尤其集中於原住民族群。由於米田堡血型抗體
（anti-Mia）很容易造成新生兒溶血症，因而大聲疾呼病人輸血前要
做抗體篩檢，以避免發生溶血性輸血反應，其研究論文發表後，立
即引起國際重視。

　　健康是基本人權，聯合國世界衛生組織（WHO）早在捐血運
動協會成立的隔年，也就是1975年，在第二十八屆世界衛生大會
（WHA）宣示，所有會員國都應達到兩個目標，一是發展以自願無
償捐血為基礎的國家血液事業，第二則是要制定管理血液事業的法
律，並採行必要的措施來確保捐血人及用血者的健康。

　　我國早在1971年就退出聯合國，並非世界衛生組織的成員國，
仍遵循這項全球性政策，全力推動無償捐血，1991年更寫下醫療院
所全面用血都來自自願無償捐血的歷史新頁。

歷年各捐血中心捐血量（1974 ～ 2023）

單位
Unit

年 ＼ 中心別	台　北捐血中心	新　竹捐血中心	台　中捐血中心	台　南捐血中心	高　雄捐血中心	花　蓮捐血中心	總計
1974	3,817	-	-	-	-	-	3,817
1975	11,734	-	544	-	-	-	12,278
1976	22,976	-	3,539	-	216	-	26,731
1981	141,944	-	58,861	22,535	72,829	-	296,169
1991	421,109	-	252,561	156,192	205,905	30,315	1,066,082
1992	370,657	125,164	246,912	160,502	222,832	54,396	1,180,463
2013	737,642	336,853	487,170	401,442	414,876	112,451	2,490,434
2014	743,926	337,408	485,767	409,314	431,181	110,929	2,518,525
2015	744,106	355,943	498,956	418,909	423,721	114,474	2,556,109
2016	771,779	364,244	507,973	421,457	447,145	64,549	2,577,147
2017	841,241	360,146	520,231	420,428	436,805	-	2,578,851
2018	869,019	373,358	536,306	424,617	437,351	-	2,640,651
2019	894,031	393,568	551,889	426,291	460,636	-	2,726,415
2020	896,115	387,625	620,102	362,506	444,784	-	2,711,132
2021	860,089	391,556	643,307	375,515	459,170	-	2,729,637
2022	888,189	414,233	665,895	378,916	474,582	-	2,821,815
2023	907,568	427,890	683,462	-	839,363	-	2,858,283

注：1. 捐血數量為全血及分離術捐血之合計。
　　2. 全血 250ml 計為 1 單位，500ml 計為 2 單位。
　　3. 分離術血小板每成人劑量為 1 單位，2 倍成人劑量為 2 單位。

近十年國民捐血率（2014 ～ 2023）

中心別 年	台　北 捐血中心	新　竹 捐血中心	台　中 捐血中心	台　南 捐血中心	高　雄 捐血中心	花　蓮 捐血中心	總計
2014	7.12%	6.70%	7.64%	8.71%	7.72%	7.55%	7.50%
2015	7.09%	6.94%	7.71%	8.77%	7.59%	7.73%	7.54%
2016	7.10%	6.86%	7.67%	8.73%	7.53%	7.42%	7.49%
2017	7.15%	6.70%	7.80%	8.58%	7.33%	-	7.44%
2018	7.41%	6.84%	7.89%	8.45%	7.34%	-	7.55%
2019	7.64%	7.11%	8.00%	8.55%	7.74%	-	7.77%
2020	7.65%	6.91%	7.74%	9.11%	7.46%	-	7.68%
2021	7.39%	6.93%	8.06%	9.50%	7.76%	-	7.76%
2022	7.76%	7.30%	8.36%	9.65%	8.08%	-	8.08%
2023	7.82%	7.46%	8.58%	-	8.56%	-	8.13%

注：1.人口數依內政部戶政司統計以每年6月30日實有數為準。
　　2.全血捐血方式及分離術捐血方式均列入計算。

1-4 半世紀的拚途

　　走過半世紀漫漫長路，台灣的捐血率如今已高達8.13%，居全球第一，2023年捐血量更突破了285萬單位，一路走來面臨許多嚴峻考驗。

　　1984年5月25日，台中榮總一位婦女因左大腿骨嚴重骨折且合併發炎，緊急開刀需要備血1,000cc，但她屬於AB型Rh陰性的罕見血型，國人擁有相同血型的只有萬分之一，一時間不容易備齊。

　　幾天後的6月21日，中山醫學院附設醫院一位朱姓病人手術出血不止，而他又是B型Rh陰性的罕見血型，只有萬分之五的人有此血型，同樣遇到備血不易的問題。捐血運動協會因而緊急呼籲Rh陰性血型的人盡速登記，才能在緊急情況下直接找到血源救人，結果獲得熱烈迴響，才終於解決此一問題。

　　1986年多次到台北捐血中心捐血的法籍神父溫爾謙，因病急需

輸用不含C、e、Fya三種特殊抗原陰性的O型血液,經台北捐血中心緊急聯繫法國巴黎捐血中心,找到同血型血液後及時運達台北,創下由外國進口血液救助病人的首例。

感染恐慌重挫捐血運動

然而愛滋病(AIDS)的突然來襲,帶給國人極大震撼,也對捐血運動造成不小衝擊。

1985年8月底,衛生署正式宣布國內發現第一例愛滋病疑似感染個案,由於當年並無特殊治療方法,經媒體報導後,引起國人極大恐慌。

有「二十一世紀黑死病」之稱的愛滋病由人類免疫缺乏病毒(HIV)感染所致,可經由血液及體液感染,在不了解HIV感染途徑的狀況下,連帶影響民眾的捐血意願,導致捐血量下滑,捐血運動協會因而在1985年9月9日召開技術指導委員會,由主任委員劉禎輝召集,商討應變措施。

當天出席會議的委員有台大醫院院長林國信、台大醫學院院長楊照雄、台大醫學院教授沈銘鏡、台北榮總血庫主任雍建輝、三總臨床病理科主任李正華、林口長庚臨床病理科主任孫建峰,以及協會副理事長魏火曜、常務理事楊思標、邱仕榮及各捐血中心主任。

　　深入討論後，技術指導委員會決定配合衛生署防治工作，先針對一千名捐血人做HIV抗體檢查，以了解國人感染HIV病毒的比率，並強調所有捐血器具都經過完全滅菌處理，捐血人不可能感染包括HIV在內的所有疾病，經媒體大幅報導後才消除民眾疑慮，安心捐血。

　　不過，難關還是一波波湧來。1987年11月，部分報章雜誌針對捐血運動協會各項業務及財務狀況做了大篇幅報導，難免引起捐血人的疑慮甚至誤解，影響捐血意願，進而波及輸血病人的健康權益及生命。

　　捐血運動協會針對媒體斷章取義的片面之詞，隨即公開答覆所有質疑，包括全面篩檢捐血人HIV抗體作業、人事任用及整編、血液供需、血袋採購、B型肝炎陽性血漿處理，以及理監事組織等問題，才終於化解一場由媒體點燃的信任危機。

　　然而，1988年12月又有部分媒體披露，數位血液專家及醫師建議：「各捐血中心應自協會下各自獨立，以發展為更具效率之捐、供血業務。」衛生署也正在制定「捐血機構設置標準」，準備開放捐血機構的設立，一時之間似乎有打破十幾年來單一捐血及供血機構的趨勢。

　　突然遭到挑戰，捐血運動協會秉持有競爭才有進步的態度，指派台北捐血中心主任林素娟赴美考察，進而發現美國血庫界各據山

頭，彼此作業和政策不同，糾紛迭起，因此建議小心因應，慎勿重蹈覆轍。

為此，捐血運動協會理事長郭驥於1989年1月在國父紀念月會上鄭重表示，近來雖有少數媒體報導，指協會「血庫空空」、「缺血嚴重」等情事，全都不是事實，除了全年捐血量超過預定目標8.6%，協會財務結構健全，開源節流也頗具成效，並已增購最新儀器設備。

郭驥當下決定，為免一再出現這種似是而非的誤謬報導，協會以後應擴大宣傳活動，並與醫藥衛生記者加強聯繫，讓一般民眾充分了解捐血的意義和價值。

確立捐血事業屬性

緊接著，1989年3月22日上午，在捐血運動協會會議室舉行的第五十二次聯合工作會報，郭驥親自主持，針對外界所提「各捐血中心可自捐血運動協會下各自獨立，或捐血運動協會應授權各捐血中心，使其具有獨立之自主財務及人事主權，以發展更為有效率之捐、供血業務」案，進行討論。

他認為，以當時運作情況，以及捐、供血業務的穩定成長，都證明捐血運動協會及各捐血中心是一套體例完整的組織，不可割

裂、分離，更何況協會依法成立，豈能隨意變更。

　　這項建議案進行討論時，台北、台中、台南及高雄等四位捐血中心主任都充分發表意見，並認為捐血中心是捐血運動協會的附屬業務機構，再依此建構的一個完整體系，其隸屬關係如同台灣大學之於台大醫學院附屬醫院，以及退除役官兵輔導委員會之於各榮民總醫院，兩者之間不能分開，亦無法分開。

　　然而，捐血運動協會各捐血中心的捐血及供血作業，均與醫療院所緊密合作，醫療院所為病人輸血又屬醫療行為，但捐血運動協會卻屬社團法人，歸內政部督導管轄，而非主管醫療機構的衛生署，造成體制及作業上的紊亂，也不利病人的用血安全。

醫療法人機構捐血事業基金會成立

　　經過多次討論，因1987年《醫療法》公布施行，捐血事業被認定為醫療機構，主管機構應由內政部改隸衛生署。

　　為了配合國家政策，進而促進捐輸血環境的更加完備，1990年1月1日捐血運動協會捐助成立醫療財團法人台灣血液基金會的前身（財團法人中華民國捐血事業基金會），由曾任政府部門要職的郭驥擔任第一任董事長，衛生署順理成章接手管理捐血系統，開始整頓醫院血庫及穿梭其間的血牛。

但郭驥在任內過世，由魏火曜補選為董事長。

魏火曜是少數就讀東京帝國大學醫科且拿到醫學博士學位的台灣人，二次世界大戰後在台大醫學院任教，1948年起兼任台大醫院院長，1953年接任台大醫學院院長。1973年卸任後，受邀出任高雄醫學院院長，其間並於1968年獲選為中央研究院院士。

綜其一生志業橫跨臨床、研究、教學及行政等領域，魏火曜堪為台灣醫學教育的奠基者之一，在醫界輩分極高，因此被推舉為財團法人中華民國捐血事業基金會董事長兼捐血運動協會理事長。

配合這項改隸作業，捐血運動協會所屬台北、台中、高雄及台南等四個捐血中心，1990年1月1日當天同時改隸中華民國捐血事業基金會，以符合醫療機構作業規定。

一年半之後，中華民國捐血事業基金會更名為「財團法人中華血液基金會」，以便和世界接軌，發展血液科技。接下來幾年間，又有數次改名，最終於2008年改名為「醫療財團法人台灣血液基金會」，直至今日。

在組織變革過程中，中華民國捐血運動協會於1997年舉行的第八屆第一次會員代表大會中，決議更名為「中華捐血運動協會」，因隸屬社團法人機構，仍歸內政部管轄。

從此，捐血運動協會和血液基金會分進合擊，相輔相成，捐血運動協會負責捐血運動的推廣及宣導，血液基金會則負責捐血、輸

血及血液研究發展等業務，一起為台灣的捐血事業努力打拚！

建構堅實的捐血網絡

回首前塵，捐血運動協會至今已走過半世紀，血液基金會也邁向第三十五個年頭。在歷屆理事會及董事會帶領下，從無到有，從有到優，寫下一頁艱辛而傲人的歷史。

從蔡培火開始，捐血運動協會歷任理事長有郭驥、魏火曜、林國信、李悌元和葉金川；而血液基金會歷任董事長，則分別是第一屆的郭驥，以及依序接棒的魏火曜、林國信、胡惠德、葉金川和侯勝茂。

除了組織變革外，自有作業場域的規劃，也是早年的重要事項。早年捐血中心場址不乏臨時借用或租用，1992 年行政院函文建議，根據《醫療法》相關規定，財團法人醫療機構的房舍不能再以租用方式為之。

為配合國家醫療政策，強化血液科技研究量能，提升醫療用血及輸血安全，1993 年起，血液基金會擬訂近程、中程、遠程的興（遷）建作業場所計畫，逐年實施，各捐血中心紛紛自購或自建房舍，作業場域擴大，展現全新氣象。

至此，捐血運動協會及血液基金會已建構一個非常堅實的捐供

血網絡，嘉惠無數病人，並早已躍居國際先進捐供血國家之林。

滿足醫療機構所需，引導供需生態

　　然而罕有人知，早年也出現過一些競爭與挑戰，宜蘭縣愛心協會就是其一。

　　宜蘭縣愛心協會是1988年由一位縣議員發起成立，以「捐血無礙、健康無礙」、「捐血一袋袋、相傳一代代、幸福滿袋」等口號，呼籲民眾一起加入捐血行列。高雄捐血中心主任洪啟民當年被派到宜蘭捐血站當站長時，宜蘭縣愛心協會就已在當地舉辦捐血活動，和宜蘭捐血站有競合關係。

　　早年蘭陽地區常有血液供應不足的問題，加上交通不是很方便，北宜高速公路還沒動工，北迴鐵路又常一票難求，如果遇到缺血或當地醫療院所無法處理的急重症，就得走濱海公路，或是九彎十八拐的北宜公路到台北就醫，既不方便，也對病人健康及生命造成威脅，因此才在地方人士倡議下，成立宜蘭縣愛心協會。

　　雖然多了一個捐供血的團體，可以供應更多的血液給醫院，卻也會帶來捐供血體系作業上的紊亂，在當時捐血運動協會總幹事張菊生的支持下，洪啟民認為，只要宜蘭捐血站能夠讓血液供應充足，蘭陽地區鄉親能得到適當的醫療服務，就能改善這個現象。

洪啟民表示，宜蘭捐血站有足夠的人力及檢驗量能，而這些正是宜蘭縣愛心協會相對不足的，當捐血站的捐血量逐漸增加，能滿足當地醫療機構的需求時，自然就會改變當地的捐血及供血生態。他記得，在他離開宜蘭重新回到台北捐血中心工作時，宜蘭縣愛心協會的捐血業務已逐漸萎縮。

現任新竹捐血中心主任王雲龍回憶，他接任宜蘭捐血站站長之後，當地醫院對血液品質已有較高的要求，對宜蘭縣愛心協會採血過程的血品安全、檢驗有些擔心，不太敢採用他們提供的血液，致使該協會供血量逐漸減少，捐血業務形同結束。

王雲龍還記得與宜蘭縣愛心協會有過一次難忘的接觸。那時候他剛接宜蘭捐血站站長不久，晚上就睡在捐血站裡，有天午夜時分，外面人聲沸騰，一陣陣急促的敲門聲把他吵醒，開門一看，赫然發現那位開辦愛心協會的縣議員帶著病人家屬及二十幾位阿兵哥，焦急地站在門外。

原來，有位民眾因急重症急需緊急輸血，醫院血庫卻沒有足夠的血液，只好跑到捐血站求助。王雲龍二話不說，和另一位工讀生捲起袖子逐一為那群阿兵哥抽血，一直抽到凌晨兩點多才告一段落，家屬立即帶著一袋袋還溫熱的鮮血，火速衝回醫院。

那是種人溺己溺的可貴情操，王雲龍當時只想到救人。從那次緊急事件中該位縣議員也理解到，投入捐血事業的艱辛及不容易，

後來宜蘭縣愛心協會的募血量能日漸萎縮，結束捐血業務已是預料中事。

　　早期台塑集團內部也有捐供血機制，但純粹是為了滿足長庚醫療體系的用血需求，在各捐血中心募集來的血液可以滿足醫療機構的需求後，這個由企業內部發起的捐供血機制隨即退場，從此血液基金會一肩扛起台灣醫療無償用血的重責大任，大步往前。

1-5 | 緊密連結的大家庭

　　台灣捐血事業至今已走過半世紀。回首過去,既有理、監事會及董事會充分授權,又有歷任總幹事、祕書長、執行長等展現不同的領導風格,在不同時期發揮關鍵力量,加上盡心盡力的工作人員,大家庭目標一致、全力以赴,才能累積出今日的豐碩成果。

　　中華捐血人協會副理事長叢萍於1977年到台北捐血中心服務,至今已四十七個年頭,是目前仍在捐血最前線打拚的資深「熱血人」之一,看遍風起雲湧,細數過往舊事,有如一部活字典。

　　季怡是捐血運動協會第一任總幹事,同時也兼任台北捐血中心首任主任。剛到職服務時,叢萍說自己只是個第一線負責抽血的小護士,和季怡沒有太多互動,她印象中的季怡曾在紅十字會任職過,也非常積極推動捐血運動,更是個溫暖的長官。

　　早年交通不便,她們幾乎每年都會搭花蓮輪,到後山花蓮舉辦

一、兩次捐血活動。

　　活動當天一大早，捐血車、裝備和人員全都從基隆港上船，前往花蓮港，太平洋浪濤洶湧，很多工作人員一上船就開始暈船，一路吐到下船，卻還要打起精神，一下船趕往定點布置，並展開採血作業，一採就是好幾天。等整個捐血活動結束，再度回到台北，都已是幾天後的晚上了，但不管多晚，季怡一定會等全隊回來，領隊向他報平安後，才安心睡覺。

　　有時候，捐血中心也會安排到大專院校幫夜間部學生抽血，整個作業結束回到辦公室，通常都已晚上九點、甚至十點以後，季怡也是要等到領隊打電話回報工作順利完成且全員均安，才放下那顆懸著的心。

軍事管理，帶領協會步入正軌

　　相較於季怡的和藹可親，接任的張菊生則是作風截然不同的總幹事。叢萍記得當年每次出去採血時，張菊生都會用以前帶部隊的方式，把她們召集起來，先是訓話，交付當天任務，接著再精神喊話，大家才出發。回來後，一樣要向他報告當天的成果，才算完成任務。

　　血液基金會資深公關杜文靖認為，張菊生做事一板一眼，相當

嚴格，每次有事情要去面見報告，杜文靖的直屬長官總不忘叮嚀她，「妹妹，把頭髮綁好，衣服穿整齊」，她因此非常緊張。但工作久了，杜文靖認為張菊生也是個好長官，只是安徽鄉音太重了，剛到職時，她幾乎聽不太懂，常要請同事幫忙「翻譯」。

叢萍表示，季怡和張菊生都是郭驥在部隊的屬下，捐血運動協會剛成立時，組織架構還不是很完備，就是需要曾在部隊帶過兵的長官來領導，把協會帶上軌道。其後，陸續建立了人事、薪資等制度，將協會的各項運作逐步趨於穩定和系統化。

雖已過了三十幾年，高雄捐血中心主任洪啟民對張菊生還是印象深刻。他以國父孫中山先生所撰《建國大綱》中，軍政、訓政、憲政的建國程序做比喻，他們私底下都稱他的管理風格就是「軍政」。

洪啟民舉個例子，1989 年 6 月 1 日他第一天到台北捐血中心報到，就被派任宜蘭捐血站站長，第一次回來參加主管工作會報，絲毫沒有經驗，也不知道要做什麼。突然間，聽到張菊生喊了句「全部起立！」把他嚇了一跳，完全不知道到底發生什麼事。

「你們這些人，坐沒坐相。」張菊生隨即要他們把椅子左右標齊，距離拉好，等前後左右全都對準了，確定排成一條直線後，才讓他們坐下。洪啟民說，這只是個簡單的例子，張菊生平常就是這樣管他們的。

調回台北捐血中心當採血課課長後，洪啟民有一次和中心主任林素娟靠著牆壁講話，路過的張菊生看了，當場就訓誡起他們，「你們坐沒有坐姿，站也沒有站相，要怎麼帶人！」他們兩個就站在門口，頭低低地挨罵。

洪啟民說，張菊生曾在軍中帶過部隊，這就是他的管理風格。他還記得當年張菊生喊出一句類似「以目標帶動績效，以績效評估目標」的口號，天天盯著每個部門的目標，看同事有沒有做到。

除了捐血數量訂有目標，檢驗正確率及其他項目也都各有指標。每年張菊生都會帶稽核人員到各捐血中心進行業務訪查，相關業務單位現場簡報後，他再看是否達標，若未能達標，可能就會當場罵人。

如果出現重大錯誤，他甚至會祭出處分，而且處分很重。洪啟民舉例，如果檢驗做錯，可能會被記大過，累積兩次大過就降級，而且主管還會連坐處分。

「我就被罰站過幾次，」洪啟民記得，有一次他們採回來的血太多，張菊生就說，「你知不知道血採多了，就叫『血災』？」要他去血庫門口罰站思過。

張菊生認為，從全血、血小板到血漿，每種血品都有其效期，採回來的血太多，擔心過了效期還沒用掉就要廢棄，很浪費。

洪啟民有時會解釋，捐血人來得太多，想擋也擋不住，捐血量

軍人出身的張菊生（右），其嚴格的管理風格，為剛成立的協會奠定紀律基礎。圖為張
菊生於祕書長任內，致贈感謝狀給捐血人。

難免衝高。結果立即招來張菊生斥責：「擋著不讓他們捐，也是你的責任呀！」洪啟民當下又被叫去血庫門口罰站，看著裡面滿滿的血袋，自我反省了一個小時。

不同的領導風格，求好目標一致

雖然管理如此嚴格，洪啟民認為醫療最重要的是紀律，絕對不能打折扣，因為一旦紀律毀了，很難再挽回。唯有堅守紀律，才能確保醫療品質，病人的安全也才能獲得保障。

當年在張菊生如此嚴格的管理下，他們不覺得壓力特別大，也視為理所當然。從年輕時代一直被訓練下來，洪啟民認為這些都已內化為他們做事的原則，深知捐血不能多，也不能少，一定要供需平衡，掌握得剛剛好。

「張將軍真的很凶。」當年洪啟民他們要進張菊生的辦公室時，一定要先敲門，再大聲喊「報告」。後來換成張英二擔任執行長，他有次進辦公室時，還是習慣性地先敲門，再大喊一聲報告，張英二瞪著他說：「你是要嚇死我嗎？」洪啟民才啞然失笑。

多年來一直在台灣省衛生處、台大醫院和衛生署等機構服務的張英二，其實和捐血事業沒有太多淵源，因此常說自己是捐血界的「外太空人」。但也因為沒有太多包袱，他在十一年的執行長任期

內，可以放手去開展捐血業務。

有些主管作風嚴厲，有些則比較開放，張英二認為沒有對或錯，也沒有好或不好的問題。他總覺得捐血是件相對單純的事，血液基金會的所有同仁也都是成年人了，只要把事情做好，都值得嘉許，沒必要疾言厲色對待。

「我從來沒有真正罵過同仁一次，」張英二始終認為，該你做的事，你還是得做，「我罵了你，你要做；我不罵你，你還是要做，」在張英二眼中，鼓勵同仁把事情做好才重要。

各捐血中心通力合作相互支援

把事情做好的精神，一直是血液基金會到各捐血中心、捐血站及捐血室的核心精神。

新竹捐血中心主任王雲龍回憶，1992年省立桃園醫院院長廖廣義前往花蓮山地部落義診，開車行經蘇花公路清水斷崖路段時，不幸被落石擊中重傷，立即被緊急送到花蓮慈濟醫院搶救，第一時間輸了很多血。

但廖廣義傷得實在太重，必須輸更多的血，慈濟醫院及花蓮捐血中心備用的血已不夠，王雲龍身為花蓮捐血中心主任，只能趕緊向台北捐血中心調100單位的血，才從鬼門關前把廖廣義的命搶救

回來。

　　2015 年 6 月 27 日晚上 8 點 32 分發生的八仙塵爆意外事件，則是另一個捐血中心彼此通力合作的故事。

　　當年，近五百名燒傷患者被緊急送到北部各醫院救治，治療過程中需要使用大量紅血球濃厚液來清創，唯獨林口長庚醫院習慣採用未經分離的全血清創。當時，負責供應林口長庚醫院用血的新竹捐血中心，庫存的全血量卻不多，台北捐血中心立即伸出援手，解除燃眉之急。

　　過沒多久，很多醫院需要用到大量的血漿，一來血漿保存時間久，庫存量多；二來輸注到燒燙傷患者體內，可協助他們暫時度過難關。然而台北捐血中心的血液運送車都是小型車，一次的運送量不大，光是每家醫院送完一圈，恐怕都要花上一個星期時間，根本緩不濟急。

　　當時是台北捐血中心供應課課長的劉俊宏想到，新竹捐血中心有幾部三噸半的大型血液運送車，於是請他們支援一部車及一位司機，才能在很短時間內把大批血漿送到各醫院。劉俊宏表示，各捐血中心平時都是各自運作，但只要出現急需用血的緊急狀況，都會不分彼此，相互支援，展現一家人的緊密連結。

　　捐血事業的大家庭並不僅限於血液基金會及各捐血中心內部，而是往外擴散到醫療機構及病人。高雄捐血中心主任洪啟民就表

示，只要病人有需求，他們使命必達。

　　例如，某些特殊病人的血型可能很稀有，或是他們住在相當偏遠的地方，就算要花很多錢或跑很遠的路，才能取得病人所需要的一袋血，導致費用可能高達數十萬元，但他們還是會全力供血，完全不考慮成本。

　　有時候，一些醫院會擔心這筆錢要從何而來？洪啟民總是跟院方說：「不要談錢，救人才重要，」他強調，這筆額外的支出，既不會向醫院收取，更不可能要病人自己掏腰包，通常會以專案方式處理。

提升人文素養與視野

　　這種人溺己溺的胸懷，也是血液基金會存在的價值。血液基金會董事長侯勝茂很清楚，這種以病人為先的精神，要從日常工作場域中逐漸培養，才能真正落實。

　　台中捐血中心就是秉持這個理念，全力把該中心打造成一個具有人文素養的地方。中心主任林冠州透露，他們的做法是調整教育訓練，除了一些既有且專業的教育訓練，再加上一些具有人文關懷內涵的課程，讓同仁從不同面向培養更深厚的人文素養。

　　不久前，林冠州就安排主管參訪台中捷運公司，讓他們了解外

84

王鏡山（左1）擔任高雄捐血中心副主任時，經常在假日帶著全家一起工作，讓女兒王郁棻（右1）在耳濡目染之下，也成為捐血大家庭的一份子。（圖片提供／王郁棻）

面世界的運作模式，視野一旦打開，管理思維也會跟著改變，不僅可讓組織運作更有效率，也能提供用血病人最優質的服務，落實以病人為中心的核心精神。

回首以往，「血液人」同舟共濟的精神，其實在很早以前就已慢慢建立。台中捐血中心行政組組長楊梅英記得，當年郭獻生出任中心主任時就非常照顧同仁，他心想女生都愛漂亮，每年護士節會送每位護士一條口紅，讓她們快快樂樂地去工作。

洪啟民說，高雄捐血中心剛成立時，請到眼科名醫吳基福出任首任主任，但實際執行運作的則是副主任王鏡山。每次假日在外辦捐血活動時，王鏡山總會帶家人到活動現場探視工作人員，之後再陪家人去逛街吃飯。

王鏡山的女兒王郁棻現為高雄捐血中心品保組組長，她猶記得，當年爸爸每次都說要帶他們去遊山玩水，實際上卻是去工作，逛街吃飯只是「順便」而已。即便如此，這種負責且樂在工作的精神深深影響著她，也讓她以身為這個捐血大家庭的一份子為榮。

| 第二部 |

匯流

1974 年創立之初社會大眾觀望質疑，
2023 年全台灣已累積超過七百萬人支持響應，
8.13% 的國民捐血率更傲視全球。
這是台灣的驕傲，也是眾人努力的成果。
有人是出於助人的初衷，
也有人因自己或親友受患投入支持行動，
每位熱心的捐血人都是成就這場社會運動的英雄，
五十年來寫下無數動人篇章，書中故事僅是其中縮影。

2-1 | 眼盲心不盲的快樂捐血人 —— 喻家貞

　　從小就看不到這個花花世界，喻家貞這六十三年來所過的日子，簡單卻充實。簡單的是少了視覺干擾，能用心去感受這個世界的美好；充實則來自於定期的捐血。

　　這些年來，捐血已成為她的生活日常，沒有什麼特別之處，因此每次有人稱讚她的愛心付出時，反倒讓她覺得不好意思。

　　「捐血可以促進新陳代謝，順便做簡易的健康檢查，捐出去的血又能用在有需要的人身上，可說一舉數得，」喻家貞認為，捐血讓她非常開心，她得到的遠比付出的多太多，她才是最該說聲謝謝的人。

　　雖已過了四十幾個年頭，喻家貞至今仍清楚記得，第一次捐血是在1980年8月，那時候她才十九歲。可能是因為不挑食，每天三餐都吃得津津有味，所以外表看起來有點肉肉的，爸爸笑著要她去

捐血。

　　他們家，就在台大校園內舟山路旁的教職員工宿舍。既然爸爸都開口了，她就在妹妹的陪同下，走到停在台大校門口的那輛捐血車，捐了 250cc 全血，「針扎下的那一刻，有一點點痛，但忍一下就好了。」

愛上能助人的例行捐血

　　有了那次經驗後，喻家貞愛上了可以幫助他人的例行捐血。剛開始都選擇當時還叫「新公園」、後來改名為二二八公園裡的那輛捐血車，偶爾也到台北火車站地下街的捐血室。自從她到位於建國北路二段、資深盲人經絡按摩和腳底按摩站服務後，就改到不遠處的長春捐血室捐血。

　　和一般捐血人不同的是，喻家貞每次捐血都要有人陪同，有時是家人，更多的時候是朋友。有時真的找不到人陪，她就一個人搭計程車到長春路，大樓管理員都認得她，會非常熱心地帶她到樓上的捐血室。

　　捐久了，捐血室的工作人員也熟識了，除了幫喻家貞填寫資料，大約一個多小時捐完血後，再陪著下樓搭車，讓她倍感窩心。

　　她的上班時間是從中午十二點到晚上十點，因此大都利用上班

儘管看不到花花世界，但完全無礙喻家貞（右2）捐血救人的熱情。圖為喻家貞捐血六十次時，獲捐血終身志工孫越（左1）頒贈捐血績優狀。

前的早上去捐血。既然都已出門了，捐完血後，她會再去吃頓美食，犒賞自己一下，再心滿意足、帶著雀躍的心情去上班。

　　這種美好經驗，其實是來自童年回憶。小時候喻家貞全家常在假日去新公園散步，回家前爸爸都會帶她們到側門邊一家很有名的店吃甜點，但規定三個小毛頭只能在芊仔冰和酸梅湯中二選一，就算她兩個都想吃，但在爸爸媽媽堅持下，就只能挑一樣。

捐血之緣結交好友

　　長大後，喻家貞每次和朋友一起到新公園捐血，時任血液基金會公關處處長的叢萍，如果正巧也在捐血車上工作的話，就會去買芊仔冰和酸梅湯請她們吃，兩人也因此成了好朋友。

　　就因為如此，喻家貞有次和另一位視障朋友發起一場捐血活動，就請妹妹打電話給叢萍，請她協助安排一輛捐血車，停在中山北路、錦州街口的台泥大樓附近，除了二十幾位視障朋友專程前來共襄盛舉，也吸引不少民眾上車捐血。

　　後來捐血運動協會在四十週年時拍攝紀錄片，當中有喻家貞的片段，有些按摩的客人看了當天的電視新聞，才知道她是個捐血人，開心分享彼此的捐血經驗。

　　這一路走來，喻家貞有太多的甜美回憶，也有一些黯然時刻。

她曾有個非常要好的朋友，常利用午休時間陪她到新公園捐血，有時候她血色素測試不符標準，捐不了血，那個朋友就帶著歉意說：「我先去捐血囉，麻煩等我一下。」

那位朋友的心願是至少捐到五十次，沒想到捐到只差兩、三次時，就因大腸癌不幸過世，讓她唏噓不已。

從此，她終於知道什麼叫世事無常，也更珍惜每次捐血的機會。她曾仔細算過，六十五歲屆齡之前，還有六次捐血機會，每捐一次，就少一次，「除非醫師認定我不能再捐，要不然，我就開開心心捐到不能捐的那一天，」喻家貞笑著說。

2-2 | 近四十年最高紀錄保持者 —— 張國森

同樣是捐血人，相對於喻家貞的豁達，張國森就非常在意捐血次數的累積，只因他三、四十年來，一直是台灣捐血次數最高紀錄保持人，直到 2023 年夏天才拱手讓出這個頭銜，捐血次數已超過兩千次。

「歲月不饒人哪！」已年近七十歲的他，雖想再踩足油門狂奔而去，但受限於年過六十五歲只能捐全血的規定，也只能看著那些捐分離術血小板的年輕一輩彎道超車，絕塵而去。

一般人捐的全血成分有紅血球、血小板和血漿，分離術血小板捐血則是將血液抽出後，藉由血液分離機自動分離出血小板，其他血液隨即回輸捐血人體內。不同於捐全血需要間隔兩至三個月才能再次捐血，捐分離術血小板者，只需兩週就能再次捐血，次數累積比較快，不過年齡、體重等條件也較嚴格。

「我太太常常念我，為什麼要跟人家拚捐血次數？」張國森坐在台南捐血站二樓圖書室的窗前，望著永福路二段對面、進學國小那片翠綠校園，幽幽地說出四十幾年來在捐血這條路的心路歷程。

「這是面子問題！」他說，自從 1979 年 5 月 2 日踏進位於台南孔廟對面的台南捐血站那天起，他就把捐血救人當成終身職志。沒想到後來竟成了全台灣捐血次數最多的人，也成為眾所矚目的對象，「頭都剃下去了，不洗不行啦。」

更何況，當年全國捐血次數排行榜中，排在他後面的二、三名，分別是吳耀雲和朱永祥，全都是台南人，後來他們兩個先後被其他捐血人超越，只剩他一人還留在前三名，他不管怎樣也要繼續拚下去，算是為府城的熱血精神留下些許注解。

但這些都成為歷史了。對張國森來說，不再是全國第一，也算是卸下肩頭重擔，從此可以享受快意人生。

無心插柳，引燃捐血魂

回想起這段漫長捐血路，其實也是無心插柳的意外之旅。

年輕時，張國森在位於台南火車站前的《中華日報》上班，每天晚上在撿字房當技工，白天想兼差賺個外快，於是和開計程車的堂叔商量，一部計程車分兩個時段營業，堂叔開晚上，白天換他接

手，也算是「車」盡其用。

1970年代，救護車不多，街頭巷尾若有車禍或其他事故出現傷患，大都攔部計程車就往醫院急診室送。張國森是個熱心的人，有次開計程車時，看到路口有人被撞躺在地上，警察現場處理完後，他便載那個傷患就近到成功路的賴外科醫治。

一進急診室，從醫師、護士到家屬都忙著找血，一時之間也找不到血源，那畫面觸動了張國森柔軟的心，加上他又是俗稱「萬用血型」的O型血，二話不說就捲起袖子，捐出他非正式的第一次血，緊急輸給那位車禍傷患。

有了那次突如其來的經驗，他內心的捐血魂悄悄引燃，但尚缺付諸行動的決心，依然過著白天開計程車、晚上到報館撿字排版的日子。

1979年5月1日，兩位成大女學生上了張國森的計程車，一上車就說要到府前路紅十字會，他好奇隨口問她們去那裡要做什麼，才知道那兩位年輕女孩是專程去捐血，而且是她們第一次捐血。

車子停在原美國新聞處旁邊的巷子口，看著她們走進台南捐血站，張國森也好奇跟著走過去，探頭往裡望，護士見狀邊走過來邊招手說：「來喔，來捐血！」從小就怕打針的他，嚇得轉頭就跑，留下一臉錯愕的護士。

那天晚上到報館上班時，他愈想愈窩囊，人家小女生都敢去捐

血了，他這麼一個大男人卻臨陣脫逃，怎麼說也說不過去。想了一夜，心意已定，隔天一早他就衝到捐血站，第一次正式捐血。

因緣際會救了另一半

一切都是命運的安排。

一年後，張國森的太太臨盆在即，卻出現胎位不正的突發狀況，必須開刀，也需要輸血，但當時台南只有捐血站沒有捐血中心，他衝到美國新聞處後面的台南捐血站，拜託那裡的護理人員幫忙調血。

依當時捐血互助的規定，捐血人本人或親屬需要緊急用血時，可優先獲得血液。護理人員立即打電話聯絡高雄捐血中心，隔天高雄捐血中心就用專車送來四袋血，他太太得以順利手術，大兒子也才順利出生。

「我捐血是為了救人，沒想到最後竟救了太太，也救了自己。」這件事，讓張國森更加堅定走上捐血這條路，至今不悔。

他始終認為，捐血就像全民健保，是種互助互惠行為。你每個月繳的健保費，先給有需要的人拿去用，等哪天你有需要時，就換別人來幫你，捐血又何嘗不是。

1985年，張國森是全國第一位捐血超過一百次的捐血人，當時

張國森是全國第一位捐血超過一百次的捐血人，當時的《捐血簡訊》雜誌曾刊載他的故事，稱他是「捐血狀元」。

的《捐血簡訊》雜誌曾刊載他的故事，稱他是「捐血狀元」，從此他更是加足馬力捐血，協助更多傷病人走向健康。

全血捐了四百次之後，台南捐血中心引進可以分離血漿和血小板的儀器，他就改成每兩週捐一次血小板，他的捐血次數因此快速累積。

但有人提醒他，台北捐血中心引進更新的儀器，血小板每次可捐兩個單位，算四次捐血紀錄，一個月捐兩次就是八次紀錄；換句話說，在台北捐一年的血小板，在台南要捐兩年才抵得過，他創下的全國捐血次數最多的紀錄，遲早會被超過，「你為什麼不去台北捐？」

朋友這句話，燃起張國森內心深處那股不服輸的鬥志，真的就每兩個星期上台北一次，連太太也勸不住。

他幾乎都搭週六半夜十二點多的和欣客運北上，一路睡到台北後火車站承德路的終點站，大約清晨五點左右。「台北天剛亮的天空，真的很美，」張國森笑說，他百看不厭，一看就看了十幾年。

下車後，他走到淡水信義線捷運中山站，在站內洗手間稍稍刷牙洗臉梳洗一下，再搭捷運到忠義站，走路到不遠處的台北捐血中心。由於時間還早，他會在附近的統一超商吃個早餐，等待台北捐血中心一開門，立刻搶頭香，第一個捐血。

張國森很自豪身體保養得不錯，十幾年來血色素和血小板都符

合標準，「沒被打槍過！」讓他的捐血次數穩定增加。

　　每次捐完血，護士小姐就會建議，既然都一趟路上台北了，不要急著回去，不妨到迪化街等熱鬧的地方走走，但張國森總是趕在中午前搭車回台南。

　　這種披星戴月往返台北和台南的日子，直到高雄捐血中心也引進相同儀器後，才告一段落。兩個星期的時間一到，他就開車到位於楠梓的高雄捐血中心捐血。又過了三年多，台南捐血中心也跟上腳步引進同款儀器，他才重回故鄉捐血。

捐血破千次成榮譽市民

　　重回台南捐血中心不久的2006年，張國森捐血次數突破一千大關，他從當時台南市市長許添財手上領取了榮譽市民獎牌。他是第十二位台南市榮譽市民，第十一位是前旅美的洋基隊巨投王建民，第十位則是譽滿全球的導演李安，全都是響叮噹的名人。

　　這些年來，張國森獲獎無數，總統府也去了好幾次，深深感受到捐血助人的美好。

　　有次，張國森和幾個朋友正在泡茶聊天，他弟弟跑來說有小孩子被車撞了，急需輸血搶救，張國森立即邀幾名志同道合的朋友衝到省立台南醫院。他記得那天是春節連續假日，醫院血庫缺血，他

們隨即跑到北門路一家檢驗所抽血,再趕緊把幾袋血液送到醫院,救回一條小生命。

　　看多了這種急需用血卻找不到血的窘況,張國森和當時的台南捐血中心副主任程柏光以及一些捐血人,成立了台南市捐血人協會,接著又成立緊急捐血救難大隊,依A、B、O、AB等血型,分成四個大隊,一旦出現急需用血的狀況就出動救援。

　　他們是全國第一個成立這種救難組織的民間機構,除了出現病人急需輸血的特殊狀況,寒暑假和過年容易出現缺血的期間,只要捐血中心發出缺血通知,他們也會依照缺少的血型類別及數量,出動該血型的救難大隊隊員,盡快把血源補足。

　　此外,他們還差點和一群鬧事的血牛幹架。

　　雖已高齡八十六歲了,程柏光提起當年那段往事,仍記憶猶新。他說,當年台南地區幾家大醫院都聚集一批血牛,隨時向病人家屬兜售血液,錢來得容易,日子過得愜意,但自從台南捐血中心的供血量愈來愈多後,他們認為自己的生計受到影響,就聚眾包圍位於成功路的台南捐血中心,要中心給個交代。

　　眼看那群血牛氣焰囂張,一副隨時想幹架的模樣,程柏光深怕捐血中心的同仁發生意外,就號召台南市捐血人協會多位成員到現場紮營夜宿,隨時因應可能暴發的衝突。

　　所幸那些血牛只是群沒什麼組織能力的烏合之眾,加上自知理

虧而早早撤離，事情才沒鬧大，算是虛驚一場，卻也為台灣醫療歷史長河留下一段插曲。

後繼有人，一家三代都捐血

張國森有三個子女，小女兒從小受他捐血影響，決定就讀台南護校，畢業幾年後，因緣際會到台南捐血中心服務，父女常在那裡碰面，直到小女兒嫁為人婦，轉到雲林斗六捐血站上班。

細數四十五年來的捐血史，張國森到法定七十歲的捐血最高年限時，他的捐血紀錄將停在兩千五百二十六次。如今他卻有「夕陽無限好，只是近黃昏」的傷感，只能看著年輕一輩超越他的身影往前跑。

張國森的傷感，帶了點無奈。因為多年前他騎機車出門時，在巷子口的斑馬線上被一輛車子高速撞上，當場昏迷，被救護車送到成大醫院急診室。那次傷得嚴重，動了手術並於過程中輸血，依規定一年不能捐血。這對每兩個星期就要捐一次分離術血小板的張國森來說，無異是個酷刑，雖心癢難耐，卻也莫可奈何。

有天，他實在忍不住了，偷偷跑到台南捐血中心，心想或許可以蒙混過去捐個血，但多年來經常出入捐血中心，護理人員都認得張國森，知道他被判了「血監」，趕緊向他女兒通報。

女兒一看到他，好氣又好笑。

盼著盼著，終於可以再度捐血了，張國森立刻騎上機車飛奔到台南捐血中心捐血。他形容那像是剛從監獄被釋放出來，重見陽光的興奮感。

為了珍惜進入倒數計時的捐血時光，張國森維持規律運動的好習慣，常騎腳踏車繞行台南市，一趟至少兩、三小時；不騎車的日子，下午他就和太太走路散步，繞到忠義路和赤崁樓一帶逛一圈，再回家陪外孫女吃晚餐。

說起這個和他們同住的外孫女，張國森滿臉得意。

外孫女不僅就讀台南護校升格改制的台南護理專科學校，成了她媽媽的學妹，看著阿公、阿嬤都捐血了，2023年她也挽袖捐血，寫下一家三代都是捐血人的溫馨故事。

2-3 | 熱血護理師從小立下宏願 —— 洪惠玲

張國森不再是全國捐血次數最高紀錄保持人，這個頭銜當然會被人補上，而洪惠玲被視為可能的人選之一，不是現在，而是未來的某年某月某天。因為81年次的她，不到三十歲捐血次數就超過千次，截至2023年年底，她的捐血總次數已達一千兩百零四次，而且，來日方長。

有人幫她算過，如果持續且順利捐血，五十歲之前她可能就會刷新國內捐血次數最高的紀錄。但對洪惠玲來說，這些都是遙遠的事，她目前只想著，要定期吆喝身邊的同事和朋友一起去捐血，當個快樂捐血人。

比起大多數捐血人，洪惠玲的啟蒙相當早。她就讀高雄市鳳林國小四年級時，導師推行記點獎勵活動，只要在校表現良好，導師就會記點，集到一定點數後，可以兌換禮物。

其中，最吸引洪惠玲的是一個上面印有「捐血救人」的袋子，她覺得帥呆了，提在手上榮譽感十足。

洪惠玲問了之後才知道，那是導師去捐血後拿到的贈品。她好奇問在哪裡捐血？捐血會痛嗎？會不會很恐怖？導師一一回答並強調，捐血一點也不恐怖，而且還可以救人。

從那時候起，她就對捐血有了深刻印象，也充滿憧憬，期待趕快長大，有朝一日可以和導師一樣帥帥地去捐血。

好不容易盼到年滿十七歲，她卻猶豫了。洪惠玲說她怕了，但怕的不是捐血扎針的痛，而是怕害了別人。

她有點不好意思地解釋，剛滿十七歲時，七十幾公斤重的身材不只是「胖胖的」，而是「很胖、很胖」，血液可能太油、太黏稠，輸到有需要的病人體內，如果把對方的血管塞住，那就糟了。

洪惠玲愈想愈多，愈想就愈不敢去捐血。時間就在她再三猶豫下一天天過去，直到快十八歲了，她再也忍不住，就上網查捐血相關資料，知道每一袋捐出去的血都會經過嚴格檢驗，確認安全無虞後，才會送到醫療機構供病人使用。

攀登百岳讓「捐血救人」旗幟飄揚

整個搞清楚捐血狀況後，洪惠玲終於鬆了一口氣。

洪惠玲常利用假日去爬山，且會在攻頂後拿出「捐血救人」
的旗幟拍照，此舉常吸引山友主動攀談，她也藉此分享捐
血的諸多好處，儼然捐血代言人。

「我又沒做壞事，既沒感染HIV，也沒B肝或C肝，頂多就是血油了一點，不會害到別人，」她放心大膽地準備去捐血。

那時候，洪惠玲就讀位於屏東縣南州鄉慈惠醫護管理專科學校，有天學校辦活動，一輛捐血車停在校園內，她心想，既然捐血車都已停在面前了，擇日不如撞日，就上去捐血吧！

第一次捐的是全血250cc，沒有想像中的痛，安全過關。兩個月後，她有天逛到高雄大遠百，看到外面停了一輛捐血車，很自然地上去捐血。

第三次則是到離高雄小港家不遠的捐血站，護理人員看她體格不錯，體重也合乎標準，建議不妨改採血小板的分離術捐血，並幫她抽一管血，檢驗確認血小板足夠，從此就改成捐血小板。

後來洪惠玲就讀國立台中科技大學護理系，剛好校區對面就是台中三民捐血室，每兩星期就去捐一次分離術血小板，成為她重要的行程之一，捐血單位也快速累積。

洪惠玲是個陽光女孩，喜歡大自然，常利用假日去爬山，而且大多數是百岳級的大山。每次攻頂後，她都會拿出「捐血救人」的旗幟拍照，往往吸引山友注意，主動過來聊天，問她為什麼要帶那面旗幟上山、為什麼要捐血，以及捐血有什麼好處等等。

個性活潑外向的洪惠玲，當然就知無不言、言無不盡地和對方分享捐血的諸多好處，以及她的捐血經驗。有次爬大霸尖山時，有

位五十幾歲的山友跟她說，二十幾年前就曾經捐過血，如今女兒也在捐血。

洪惠玲當下問他，為什麼二十幾年來不再捐血？那位山友才說當年捐血被扎了兩次針，而且又出現血腫，怕了。有時候雖想再去捐血，尤其女兒也去捐血後，更是如此，但有了那次不愉快的經驗，就是跨不出去。

洪惠玲心想，他只是缺臨門一腳，加上又都是高雄人，就順口約他下山後一起去捐血。從大霸尖山下山後，休息了兩天，體力也恢復得差不多了，她真的陪他去捐血，從此兩人也變成好朋友。

熱情捐血也陪捐，號召眾人同行

洪惠玲觀察發現，不少人都有捐血意願，但有的人因對捐血了解不多而害怕，有的人則囿於各種不同原因，少了走進捐血車或捐血室的動力，自稱有點雞婆的她就扮演推一把的助攻角色。

洪惠玲是臉書和 IG 的重度使用者，常放些捐血或爬山的照片及訊息，擁有不少粉絲，有些粉絲會私訊問她有關捐血的問題，但有人問了之後又退縮，她總是很有耐心地再三說明捐血的好處，再祭出最後一招，「要不然，我陪妳去捐血好了。」

這招通常有效。她舉一位四十幾歲的女性為例，十幾年前還是

學生時代,也有過捐血後不太舒服的經驗,便沒再捐血了。洪惠玲就跟對方說,除了血小板分離術捐血,因前後需要一、兩個小時,她無法陪同,捐全血十幾分鐘就結束,她隨時都可以陪著一起去,後來她真的陪對方再度捐血。

如今,洪惠玲是國軍高雄總醫院外科加護病房的護理師,有位主管看洪惠玲對捐血充滿熱情,就問她可不可以找個時間大家一起去捐血,洪惠玲當然立即照辦。那位主管透露,以前就很想去捐血,只是不曉得怎麼踏進去。

在洪惠玲大聲吆喝下,她們一大群人就去捐血了。沒想到,那位四十一歲才首次捐血的主管,一捐就捐上癮,兩個月一到,就開車載她一起去捐血站,她也從捐血人搖身一變成為盡責的陪捐血人,但她一點也不在意,反而樂在其中。

在洪惠玲的帶動下,國軍高雄總醫院外科加護病房組了一個小群組,還很慎重地取個「SICU血滴子」這個很威的名字。到了捐血那一天,如果上的是白天班,下午五點下班時間一到,大家就把該整理的資料先擺著,立即衝去搭捷運到離醫院最近的鳳山捐血室。

捐血站通常是下午五點半下班,洪惠玲都會在路上先打電話請工作人員稍等一下,她們馬上就到。還好,鳳山捐血站就在捷運大東站樓下,搭個兩、三站,一下車就到了,相當方便。捐完血後,她們再回醫院把資料整理好,安心下班。

那些同事都是捐全血，捐血時間和採分離術血小板的洪惠玲不一樣，她純粹只是陪著去捐血而已。如果她們那天上的是小夜班，凌晨才能下班，就先回家睡個覺，早上起床後，再陪大家去捐血；要是上的是大夜班，早上九點多下班後就直接去捐血，捐完再回家休息。

「真的是太熱血了，」洪惠玲笑說，有時候也真佩服自己，雖然只是陪別人去捐血，卻搞得比捐血的人還累，既要幫大家拍美美的照片，還要每個人手上都拿個舉牌，妳的是「我今天捐250」，她的是「今天我500」，大家動一動，拍個限時動態影片，再想個很有創意的標題，放上臉書或IG。

這麼做，除了分享，也有查勤的作用。只要回頭去看以前發表在臉書或IG的文章和照片，便可知道哪些人上次是哪天去捐血，等下次時間到了，就提醒對方別忘了再去捐血。

醫療現場的深刻感受，播下熱血種子

因為關心捐血，也真心期望每位病人都有血可用，每次看到血液基金會或高雄捐血中心官網上的血液庫存燈號看板，亮起黃燈甚至紅燈，洪惠玲就很生氣，會在臉書上高喊：「高雄人，你到底要不要捐血？」、「要講幾次啊！」

　　她是個真性情的人，氣來得急，也去得快，等氣消了，她就趕緊把這些充滿情緒的發文收回，或是刪了，改成「我們要一起去捐血，一起喔。」或是「高雄人自救一下。」

　　其實，洪惠玲這麼急是有原因的。她是外科加護病房的護理師，天天面對的是一些急重症患者，有些甚至嚴重到要放葉克膜（ECMO）維生的地步。全名是體外循環心肺支持系統的葉克膜一旦運作之後，紅血球、血小板就容易破裂，導致溶血，病人幾乎天天都要輸血。

　　看著這些和死神拔河的病人、焦急無助的家屬，再看看很多人對捐血中心正處於缺血風險之中的漠不關心，洪惠玲難免心急，難免生氣。

　　就是這份用心，總統蔡英文於 2021 年 11 月 29 日上午接見「109 年度績優捐血人代表」，感謝捐血人的愛心奉獻，拯救他人性命，為社會帶來更多溫暖和希望，即舉洪惠玲為例，從學生時代就開始捐血，進入職場後更是了解醫療現場的需求，持續挽袖捐血。

　　洪惠玲是當年的績優捐血人代表，上台致辭時表示，她從小就有從軍夢，多年前毅然加入軍護大家庭，發現臨床上對血品供給量能的需求刻不容緩，必須持續且恆定地供應，才能確保病人生命安全無虞。

　　洪惠玲也呼籲更多人加入捐血的行列，播下熱血的種子，讓人

與人之間的連結，充滿愛與善的流動。

呼籲培養年輕族群捐血意願

有感於大部分捐血人都有了年紀，能再捐血的次數愈來愈少，血源會逐漸枯竭，洪惠玲認為培養年輕的捐血族群刻不容緩，因此不久前遇到和自己同樂團、剛滿十七歲的高中小女生主動表明要去捐血時，讓她感動不已。

洪惠玲參加的是一個業餘樂團，團名是「飛吧！屬於我們的中提琴世界」，團員們都熱愛音樂，每年會舉辦一場演奏會。那名高中小女生就是團員之一。

兩人閒聊時，小女生獲知洪惠玲固定在捐血，就透露自己也想捐血的心事。洪惠玲勸說，現在每個孩子都是媽媽的心肝寶貝，捐血是大事，無論如何都要得到家人的認可和祝福。

小女生回去問了媽媽，結果媽媽不僅要女兒多多跟惠玲姐姐去捐血，還到處誇耀女兒。洪惠玲相當清楚，很多家長都把孩子捧在手掌心中呵護，不太鼓勵孩子去捐血，怕會傷了身體，所以這位媽媽的進步思維讓她超級興奮，也希望有更多家長及年輕人跟上腳步，台灣的捐血事業才能永續發展下去，病人用血也才不虞匱乏。

2-4 | 飛官奇蹟生還，輸血受惠
加倍奉還 —— 許德英

有借有還，是天經地義的事，許德英對此感受最深。

這事可從 1985 年 12 月 17 日那天說起。當時他是嘉義空軍基地上尉飛行官，那天一大早六點多起飛，他帶領四機聯隊訓練飛行，第一批次返航並完成提示後，再帶另外三架僚機起飛，做同樣課目的飛行訓練。

為了培養 3 號機獨自領隊的專業能力，許德英讓 3 號機第一次全程從訓練空域帶領 4 號機返航，他則帶 2 號機跟在後面，沒想到卻發生意外事故，他的人生也從此變了調。

「即將進場時，我按照標準程序接受塔台管制，並轉進準備降落的航道，沒想到竟被一架才起飛爬升的中興號對地攻擊機攔腰撞上，對方兩名飛官墜地殉職，我則當場昏迷，連人帶椅彈射撞破窗罩，降落傘瞬間打開，才僥倖逃過一劫，」許德英事後回想，他能

夠生還真是個奇蹟。

　　如果兩機對撞，瞬間衝撞力太大，許德英一定當場殉職，但那次中興號對地攻擊機是撞上他座機的機腹，使他連人帶彈射座椅被底下的起砲器彈射出去，彈射座椅後面的穿刺器又將緊閉的窗罩撞破，他才沒有被困在機艙內墜毀。

　　更幸運的是，瞬間張開的降落傘，把已經昏迷的許德英隨風飄送到台南新營的新東國中操場，體育老師湯立新剛好帶學生在操場上課，當過兵的他知道降落傘往下掉的速度還是很快，就邊跑邊目測降落傘飄落的方向，一把抱住許德英，避免墜地造成二次傷害。

用光醫院儲備血液

　　校護蘇瑞菊第一時間衝到操場，馬上為許德英緊急止血，但他幾乎被降落傘的繩索五花大綁綑住，手術剪怎麼剪也剪不斷，只能先做重點式止血穩住生命跡象，再用夾板固定斷裂的前後腿骨。

　　由於撞機的聲響太大，當時正在路上巡邏的交通大隊警察，也循著降落傘飄落的方向，隨即趕到新東國中操場，立即與蘇瑞菊合力把許德英抬上巡邏車後座，緊急送到鄰近中山路、中興路圓環的張外科急救。

　　張外科只是家小醫院，沒有能力處理這麼嚴重的傷患，先施以

第一線醫療並以點滴輸血後，就派救護車立即轉送到台南機場旁的台南空軍醫院。但他實在傷得太嚴重，邊急救邊輸血後，還是緊急申請醫療後送，由嘉義空軍基地派定翼機把他送到台北松山機場，再轉送三軍總醫院。

在等待醫療後送的過程中，大量出血的許德英把台南空軍醫院儲備的血液全都用光了，院方只好緊急廣播，請 A 型血的士官兵趕過來捐血，他才挺過失血過多致死的難關，等到後送三軍總醫院救治的機會。

經過 X 光等影像學檢查，許德英有血胸、氣胸、脊椎裂損、左手肘開放性骨折、右膝蓋骨碎裂、左大腿骨內骨折、左小腿骨粉碎性骨折等多重創傷。雖頭部遭到撞擊，有腦震盪及腦水腫，所幸沒有腦出血，腦部不用動刀，只需休息即可。

但因為腦創傷，許德英昏迷了一個多月，剛清醒時只覺得下半身怪怪的，掀開棉被才赫然發現左腿不見了，他也因此無法再飛行，被迫離開直衝雲霄保家衛國的志業，轉到空軍總部當翻譯官。

三十六年累積捐血超過 12 萬 cc

從台南空軍基地到三軍總醫院，許德英接受多次手術，他曾算過，輸到他體內的血超過 7,000cc，但他之前只在陸軍官校接受入伍

許德英曾因撞機事故身受重傷，將醫院的儲備血液都用光，而
當他身體康復後三十多年來累積的捐血量，早已比當年他重創
後輪用的多出十八倍。

訓練時，為了獲得一天榮譽假捐了一次血，才250cc。如果以借貸關係來說，他借的多，還的卻相當少。

常言道，有借有還，再借不難。許德英心想，要不是有許多陌生人捐了那麼多血給他，他不可能活下來，因此在身體完全康復、就讀國防部語文中心後，就每兩個月到位於台北市健康路、光復北路口的空軍總醫院捐一次全血。

後來許德英發現，分離術捐血對捐血中心的效益最好，對病人也比較好，於是改採捐分離術血小板，依規定每兩週即可捐一次，但一來他沒有和別人拚捐血次數，再者上班也沒那麼多時間，就找個星期天每個月捐一次。

退伍後，時間較多，他才轉到離家較近的台北捐血中心南海捐血室捐分離術血小板。從1988年到空軍總醫院捐血以來，他已捐了三十六年，累積捐血量超過12萬6,000cc，早已遠超過當年他重創後輸用的7,000cc，多出十八倍。

許德英常笑說，他是連本帶利，把利息都還了。

可能捐血次數多了，血管下沉，不太容易扎針抽血，但他覺得南海捐血室的護理師技術高超，往往是一針見血，讓他佩服不已。

看著雙手布滿每次捐血留下來的針孔疤痕，許德英一點也不在意，他說那是榮譽的標記，也是一枚書寫著「有借有還」精采故事的勳章，他永遠珍惜。

2-5 │ 捐血、捐車全方位付出的志工 —— 藍高玉雲

同樣是「有借有還」，藍高玉雲採取的是不一樣的方式，那是個和蚊子及手機有關的故事。

如果沒有那滿頭白髮，如果她不說從 1970 年代就已開始捐血，很難從外貌看出她已經七十六歲了。

藍高玉雲至今仍清楚記得那是 1996 年的事，已有二十幾年捐血經驗的她，改採捐分離術血小板，那時候是一隻手出、一隻手進的較老式機器，兩隻手都插著針頭，動作難免受限。

有一次捐血小板時，突然有隻蚊子停在臉上準備吸血，她想伸手去拍打，卻動也不能動，急得不得了，有個志工見狀立即趕過來，揮手把那隻可惡的蚊子趕走，才解了燃眉之急。

另有一次則是手機響了，她無法空出手去接聽，也是焦急得很，同樣是志工趕過來幫她將手機拿到耳邊，讓她可以安心通話。

「她們太有愛心了，」藍高玉雲當時心想，如果平常的家事忙得過來的話，她也想每個星期撥出幾個小時來捐血中心當志工。隔幾天，她就真的付諸行動，填寫報名表，只是一等等了近兩年才如願，因為那時候有意當志工的人不少，名額卻有限。

除了到捐血中心服務，每半年一次的共同服務日，志工們也會一起出動，比如哪裡新成立了捐血室，或最近哪裡停了一輛捐血車，她們就到附近人潮較多的市場、捷運站出入口或十字路口等地方，舉牌發傳單，順便發送上面印有捐血中心地址和電話等資訊的面紙，提醒大家有空時不妨出來捐血。

辛苦付出的暖心回報

在台北捐血中心當志工的二、三十年來，藍高玉雲可以輕鬆地和捐血人及社會大眾溝通。面對來來往往的人群，她會主動上前打招呼，趁機說明捐血的好處，再請對方到附近的捐血室或捐血車捐血，但經常會遇上隨便找個理由搪塞，說自己最近感冒或身體不舒服而推辭的人。

碰到這種人，她認為不能不理睬，而是應該說聲謝謝，再祝福對方早日康復，等身體好了之後再響應捐血活動。她常笑說，當志工就是臉皮要夠厚，不管認識的、不認識的，都要主動打招呼，這

些都是她在捐血中心學來的。

　　出門在外，難免風吹雨淋日曬，雖然辛苦，有時候也會獲得滿滿的回報。有次天氣非常冷，藍高玉雲在街頭宣導捐血活動時，就有個年輕人走過來說：「阿姨，妳冷不冷？這個暖暖包給妳。」

　　聽到這麼貼心的話，她眼淚幾乎奪眶而出，不管再冷、再累、再辛苦，都暫時拋到九霄雲外，有的只是暖暖的愛，以及對這片土地的信心。

藍天白雲號血液運送車傳遞愛

　　這一路走來，藍高玉雲覺得她的人生是彩色的，自己捐了兩百多次血，另一半、兒子、媳婦和孫女也都加入捐血行列。為了幫助更多人，全家人都更重視自己的健康，也常互相提醒下次捐血的日子快到了，別忘了去捐血。

　　就是這份共好的心，藍高玉雲年輕時在銀行工作，只要聽到救護車呼嘯而過，就常想如果哪天自己稍有能力，一定要捐一輛救護車，幫助更多急重症病人。2019年她真的捐了一輛車，但不是救護車，而是血液運送車。

　　藍高玉雲解釋，多年的捐血經驗，加上在捐血中心當志工，對捐血事業有更多認識，知道真正的需求在哪裡。那輛血液運送車取

志工藍高玉雲（中）及藍文仁（左）賢伉儷捐贈「藍天白雲號」血液運送車，與台北捐血中心一起體現追求共好的理念。

名為「藍天白雲號」，既冠上夫姓，也有她的名字，而且讓人有心曠神怡的美好感覺，完全體現她追求共好的理念。

　　藍高玉雲始終認為，錢夠用就好，而且應該花在該花的地方，曾有朋友邀她一起上網團購衣服，她一點興趣也沒有，反而當下把那一筆錢捐給捐血中心，購買血袋。

　　「漂亮的衣服穿在身上，怕弄髒，就要用心去照顧，其實是種壓力，」她說，捐血可以馬上幫到人，何樂而不為！

| 第三部 |

澎湃

1980～1990年台灣捐血運動走過草創期進入發展期,
湧入各方的善意與創意,捐血運動席捲全台。
從部隊、學校、巨星名流、社團、企業到宗教組織紛紛響應,
為捐血事業注入堅實力量,並透過創意讓愛心循環擴大。
捐血一袋、救人一命,成為琅琅上口的流行用語,
挽袖捐血也成了全民運動。

3-1 | 部隊、學校，穩定供血命脈

　　捐血是一個人的舞台，也可以是一群人的武林。在民風未開的年代，要不是仰賴部隊及學生的群體之力，台灣邁入無償捐血之路勢必更加艱辛。

　　已退役多年的憲兵中將李銘藤，就非常認同捐血助人理念，他也是捐血中心很重要的支持者，和捐血結緣既深且久。1978年，李銘藤當憲兵連連長時，駐地桃園內壢，當時在台北捐血中心當護理師的叢萍有天到部隊拜訪他，希望能安排時間讓憲兵弟兄挽袖捐血，李銘藤不僅一口答應，也因緣際會地生平第一次捐血。

　　後來部隊移防到宜蘭，叢萍還是循線而去，同樣請李銘藤協助安排部隊弟兄捐血。他心想，捐血是救人助人的好事，同樣毫不猶豫地答應。

　　那時候還沒有北宜高速公路，叢萍和多位台北捐血中心工作人

員一大早就開著一輛小小的廂型車，途經坪林，再走有「九彎十八拐」之稱的北宜公路，長途跋涉而來。她們一行人為憲兵連官兵抽完血，再原路開回台北時，都已夜幕低垂了。一天往返只為了採集近兩百袋的血，可說極為辛苦，讓李銘藤深受感動，也從此和捐血結下不解之緣，並與叢萍維持近半世紀的深厚友誼。

身先士卒率隊捐血

這些年來，李銘藤多次職務異動，從桃園內壢、宜蘭金六結，到台北、嘉義及台中，最後再回台北，只要是擔任部隊主官，就全力配合當地捐血中心的活動，親自帶領弟兄捐血，直到2002年回台北總部當幕僚後，基於軍中領導統御倫理，才不再帶部隊捐血。

李銘藤認為，帶部隊捐血一定要堅持兩個原則，第一是要激勵弟兄的士氣，告訴他們捐血不僅不會對身體造成任何不良影響，還可幫助病人重拾健康；第二則是主官要親自帶頭，以身作則。

在這兩個大原則下，他深諳「應用之妙，存乎一心」的領導統御精髓，有時候會運用一點小技巧，比如捐完血後就帶隊跑步，讓大家知道捐血對身體沒有任何影響；此外，當天晚點名時會請輔導長唱名捐500cc全血的弟兄，請大家掌聲鼓勵。

李銘藤始終認為人性本善，而捐血又是上天賜給人們最簡單、

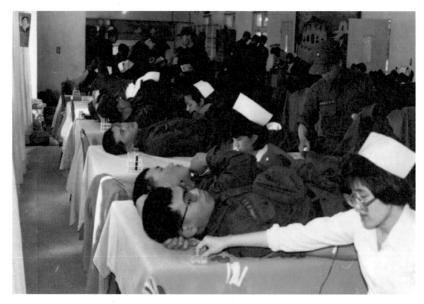

若有部隊長官的協助，大多數部隊弟兄都會挺身而出，早年捐血率通常可達九成以上。（圖片提供／叢萍）

也最容易行善的機會，沒有理由不做，更應心存感恩。因此，他反對捐血放榮譽假或加菜之類的獎勵，「做對的事是理所當然，是種榮譽，何來獎勵之有？」

就因為李銘藤的堅持，除非當天身體不適等特殊情況，大多數部隊弟兄都會挺身而出，捐血率通常可達95％以上。這二十幾年來，受他鼓勵而響應捐血的弟兄不知凡幾，大家一起成就一件對的事，再快樂不過。

克難採血，大學生熱情回應

如果說部隊是各捐血中心最堅實的依靠，學校則無疑是穩定供血的動脈。

因為有充滿熱血的學生，醫療院所才能在用血充裕之餘，全力救治病人。叢萍就說，從她進入捐血事業服務這四十幾年來，部隊和學校向來都是重要的血源，只要事先聯繫好，每次出去總能滿載而歸。

早期規定年滿十八歲才能捐血，那些年紀輕輕的大專院校學生就成了募血的主要對象。各捐血中心通常會和學校的課外活動組或學生社團聯絡，敲定時間後，預估當天可能會來捐血的學生人數，再安排足夠的人力前去採血。

　　那個年代捐血車很少，他們通常會借用學校的大禮堂，臨時布置成一個簡易的採血場所，再向學校借來幾張長型桌子一一擺好，上面鋪條床單，放個枕頭，充當臨時採血床，旁邊再擺張小桌子放各種抽血器具，真是克難到不行。

　　時間一到，在老師和教官帶領下，學生從填寫個人資料、接受面談、量體重和血壓，到扎手指頭或耳朵驗血色素，確認健康沒問題且符合捐血條件後，再依序排隊捐血。

　　叢萍多年觀察發現，男學生總喜歡找由女護理人員負責抽血的床位排隊，往往排了長長一條人龍，男檢驗師抽血的那幾床，則相對稀疏冷清。

　　大禮堂總是空曠，男生、女生都躺在簡易的採血床上捐血，旁邊也沒有遮蔽，幾無隱私可言。男學生還好，穿裙子的女學生就要多留意些，叢萍她們總會貼心地帶一些毛毯，讓那些女學生蓋在裙子上，安心捐血。

大學禮堂捐血場面壯觀

　　不管到學校或是部隊，捐血量的多或少，常和學校主管或部隊領導幹部的重視程度有關。台中捐血中心負責醫師林啟靈記得，當年他擔任該中心主任時，常會安排到逢甲大學舉辦捐血活動，當時

因為有充滿熱血的學生，醫療院所才能在用血充裕之餘，全力救治病人。圖為逢甲大學師生捐血活動。

的校長張保隆都會親自到場,一來探視那群挽袖捐血的學生,給他們打打氣,二來也感謝台中捐血中心工作人員的辛勞。

在校長及學校主管的大力支持下,逢甲大學捐血風氣鼎盛。台中捐血中心行政組組長楊梅英回想起當年的點點滴滴,三、四十張簡易採血床在大禮堂一字排開,場面真是盛大。

他們幾乎都從早上八、九點開始,一直採血到晚上九點、十點才結束,一天下來可以採到三千多袋血。

由於全血和各種成分血各有不同效期,加上檢驗量能也有限,一次採這麼多血,有時候並不是一件好事。因此捐血中心會事先規劃好,比如把逢甲大學的捐血活動由一天延長到三天、甚至一個星期,好讓每一袋有著滿滿愛心的血,都能充分用到病人身上。

儘管如此,只要到逢甲大學舉辦捐血活動,台中捐血中心幾乎是全員出動,連內勤同仁也到場協助引導和接待。如今雖已不見當年盛況,但每個學期還是可以見識到該校學生的熱情。

叢萍觀察發現,在學校或部隊辦理捐血活動,常可以感受到所謂的同儕壓力。比如說,部隊的營長、連長或輔導長都已帶頭捐血,其他同袍也捐了,士官兵除非剛好有衛哨等勤務,否則通常會跟著捐。

校園也是一樣,看到其他同學都排隊勇敢捐血,不捐好像是你身體有問題,或有其他不想讓人知道的原因,在輸人不輸陣的微妙

心理下，常常先捐了再說。當年部隊的捐血率通常可達九成以上，學校也有八成左右，成果相當亮眼。

捐血不能勉強

與血共舞近半世紀，叢萍看過太多捐血逸事。她強調，捐血是自願且無償性質，絕不能勉強，任何一位走進捐血車、捐血室、捐血站，或是躺在部隊和學校禮堂臨時布置簡易捐血床的人，都要經過一套完整的捐血前面談及檢測程序，符合相關標準後才能捐血。

最常碰到的是前晚熬夜、走起路來還頭昏腦脹的人，護理人員就會請對方下次睡好覺再來。有些人則是趕著出門忘了吃早餐，一旦捐了血，容易因血糖降低而感到不適，也會被排除在外。

根據林啟靈多年經驗，一天如果睡不到六小時，八成以上在捐完血後會不舒服，因此就算對方很想捐血，還是會勸他下次再來。

即使通過捐血前面談和相關檢測了，有些人一看到護理人員拿出抽血的針頭，針都還沒扎下去就嚇得臉色蒼白，只好請他先回去，不要勉強，有些人則是一看到血就昏倒，而這些大都是第一次捐血的人。

叢萍解釋，因為擔心採血過程中血液會凝結塞住，捐血所用的是17號針頭，比一般打針用的24號針頭粗大，對那些捐血新鮮人

來說，難免會有恐懼感，心跳加速，甚至臉色發白。

台北捐血中心主任林敏昌記得，有次到陽明山上的文化大學辦捐血活動，才要扎針量測血色素，「深吸呼！」他話剛講完，針還沒扎進手指頭，那名女學生就緊張得暈倒了。

林冠州也記得，當年在台北捐血中心當採血課課長時，有次到某商職採血，突然間一個男學生「咚」一聲倒在地上，大家連忙把他弄醒，才知道他只是陪同學來捐血，同學沒事，他因看到同學手指頭扎針流了一滴血，就昏倒了。

觀念漸開，女校從反對到響應

為了避免出現這些可形容為「捐血反應症候群」的現象，林啟靈指出，曾有文獻建議，捐血前如果每分鐘心跳超過九十下，工作人員就要小心，不妨多和捐血人聊聊天，轉移他的注意力，緩和一下情緒。

第一次捐血者因為從來沒有類似經驗，心情難免忐忑，有的一看到血就不舒服，有的則是捐完血後覺得身體不適，工作人員應特別留意他們，千萬不要讓他們第一次就嚇到了，從此不敢再捐血。

見證台灣近半世紀以來的捐血史，叢萍覺得台灣真是個充滿愛的地方，絕大多數人都樂於助人。但早期她們去募血時，偶爾也會

吃閉門羹,比如北部某所女校的校長觀念就比較保守,說什麼都不贊成學生捐血。

叢萍認為,這位校長也是為了學生著想,認為捐血讓體內的血一下子少了一些,對女孩子不好,但後來捐血風氣漸開,大家開始了解血液原本就會新陳代謝,捐出去的血很快就能補回來,更何況捐血還可幫助人,後來這所學校也響應捐血活動,讓她非常開心。

高效檢驗配合,快速供應血品

大眾踴躍捐血當然是好事,但對林冠州來說,每次採血結束後的檢驗,才是真正的考驗。

2001 年林冠州調到高雄捐血中心出任檢驗課課長時,曾經創下一天檢驗 7,206 袋血的紀錄,幾乎是每天供應量的三到四倍。面對這麼大量的血液,他的原則是當天採的血當天一定要完成初測,把檢驗報告打出來確認無誤後,隔天這些血品才能用到病人身上。

他記得創紀錄那一天,高雄捐血中心檢驗課十六位同仁全都下去做檢驗,從早上一直做到晚上才完成,隔天核對檢驗報告無誤後,那些血品才供應給醫療院所,畢竟不能辜負捐血大眾的愛心。林冠州半開玩笑說,還好那時候《勞基法》沒有那麼嚴格,大家咬緊牙關加班檢驗,才完成了那次幾乎不可能的任務。

3-2 | 企業、社團相挺，良善循環

　　捐血是社會運動，愈多人參與，成效愈好。從個人、部隊、學校、企業到團體的熱心配合，是台灣捐血事業順利走過半世紀的最大動力。

　　在這股澎湃的捐血浪潮中，國泰人壽、和泰集團、玉山銀行、中華郵政、群益證券、新光人壽等眾多企業，以及長年支持捐血活動的扶輪社、獅子會、同濟會等熱心公益的民間社團，都是全力參與捐血活動的好夥伴，一起創下台灣捐血率領先全球的傲人紀錄。

　　其中，從2000年開始舉辦捐血活動的國泰人壽，更是血液基金會第一個合作全國性活動的大型機構。當時到台灣血液基金會工作不久的資深公關杜文靖，就是與國泰人壽接洽的窗口。

　　雖已過了二十幾年，杜文靖至今仍清楚記得當年的點點滴滴。當時她一心想嘗試各種方式帶動社會風氣，靈機一動地心想，國泰

人壽是國內知名企業，數萬名員工遍及台灣各地，組織動員能力又強，如果能成為合作夥伴，一定有助於捐血事業的永續發展，因而主動地展開聯繫。

然而，杜文靖嘗試多次，始終不得其門而入，有時打電話去還被掛電話。但這並未讓她卻步，反而愈挫愈勇地繼續打電話，最後終於找到了承辦窗口，便把合辦捐血活動的企劃書寄給對方參考。後來經過會面深入討論，雙方確認這是件可以做的事，才一步一步走下來。一晃眼，如今已過了二十五個年頭。

國泰慈善基金會總幹事王麗秋表示，國泰金控董事長蔡宏圖一直勉勵所有員工，要建構一個社會安全網，為促進國人的健康幸福盡一份心力，因此推動員工每年至少要抽出一天時間當一日志工，為社會做一點事。

枯血期即時救援，國泰愛心不間斷

2000年，國泰慈善基金會首度選在容易缺血的夏季舉辦捐血活動。第一年募集到3,886單位（1個單位250cc），第二年增加到5,836單位，從此每年固定在5月至9月舉辦夏日捐血活動，捐血量逐年攀升，到了2023年已達7萬353單位，二十五年來累計捐血量高達63萬344單位，相當於1億5,758萬6,000cc。

　　國泰慈善基金會於 1980 年成立，目的即是做為國泰人壽的公益平台，當年結合國泰人壽保險公司、國泰產物保險公司、國泰信託公司，以國泰機構為名發起捐血運動，成果相當豐碩。

　　王麗秋認為，血液基金會「捐血一袋，救人一命」的宣導廣告雖只有短短八個字，卻很能打動人心，每個人只要伸出手臂，既能當個快樂的捐血人，又可實現「救人一命，勝造七級浮屠」的理念，進而打動集團所有員工的心，一起捐血做好事。

　　「國泰是個腳踏實地在這塊土地上打拚的企業，做事非常穩健，從事公益活動也是如此，都是有計畫性且長期投入，」王麗秋說，國泰與血液基金會合作至今已二十五年，與伊甸基金會合作二十年，與混障綜藝團也有十八年的合作經驗，一步一腳印，一起寫下台灣美好的故事。

　　王麗秋表示，國泰集團在全台灣有近三百多個單位，數萬名業務員每天在外奔波服務，接觸到的無非是生老病死，有時候需要更多正面能量的滋養，才能走得更久更遠。

　　因此，當他們接觸到捐血，親身感受到只要伸出手臂，捐出一袋或兩袋血液，就可以幫助很多人遠離病痛的威脅時，內心那份悸動不難想像，自然而然地歡喜參與每次的捐血活動，甚至出面主辦捐血活動，成就這件美好的事。

　　國泰慈善基金會辦的捐血活動，大部分都是由三百多個散布在

國泰慈善基金會落實「捐血一袋，救人一命」的熱血使命感，每年皆舉辦全國性捐血活動，號召民眾一起挽袖捐血，至今已持續二十多年不間斷，造福了無數人。

台灣各地的單位承辦。王麗秋說,業務員可說是一群非常熱情、非常有活力的夥伴,每次只要辦捐血活動,他們總是站在第一線,不斷聯絡客戶、邀親朋好友出來共襄盛舉,有時候連內勤同仁也不放過,要他們暫時放下手邊工作,趕赴活動現場捐出熱血。

這種積極主動的人格特質,往往會打動人心,國泰慈善基金會二十多年來募集到的血,幫助無數急重症傷病人重新找回健康。業務同仁更是站在社會脈動的最前線,總是在最需要的時候挺身而出,為所應為。

王麗秋舉2014年7月復興航空的澎湖空難為例,高翔通訊處的經理蔡明和聽到事故現場急需用血,立即在高雄舉辦捐血活動,號召不少人捐了很多的血,最後才知道事實上缺口並未如想像的大。

然而就在一週後,突然暴發造成三十二人死亡、三百二十一人受傷的高雄氣爆事件,急需大量血液來救治傷患,那批緊急募來的血正好派上用場,得來不易的每一袋血都能發揮救人的使命。

一份愛心,形成善意循環

國泰是個底蘊深厚的企業集團,王麗秋認為,集團能在社會扮演中流砥柱的角色,無非是與時俱進的創新精神,並鼓勵員工隨時要有不同的思維及做事方式,為社會盡一份心力。

國泰慈善基金會進一步說明，中部地區一些單位的經理有次在彰化八卦山下舉辦捐血活動時，在捐血車旁邊擺了一個愛心義賣攤位，除了募集員工用不到的東西外，也號召附近商家共襄盛舉，再把數萬元義賣所得捐給當地社福團體，幫助更多的人。

讓他們意想不到的是，活動吸引不少民眾參與，附近警察局看到人潮洶湧，便來設攤宣導反詐騙，社會局也來設攤服務民眾，大家一起做好事，一份善心串起很多的愛，形成一個善的循環。

為了讓這種善的循環更加擴大，國泰慈善基金會都會向庇護工廠採購送給捐血人的小禮物，一來讓那些在庇護工廠工作的弱勢族群有份穩定收入，二來也感謝捐血人的愛心。王麗秋形容這是「一份捐款，兩份愛心」，讓我們這個社會更加美好。

其實，2000 年首度舉辦捐血活動之前，國泰集團早在 1977 年就已和捐血有些淵源。那年，他們與新光、味全公司及和泰汽車等知名企業，聯合捐贈備有四張捐血椅的「仁義號」捐血車，成為台灣捐血事業第一部全新打造的巡迴捐血車，1996 年才除役，見證了台灣早期捐血事業逐步起飛的歷史。

以本業奧援，和泰汽車捐血也捐車

企業響應捐血運動的方式不單是員工的挽袖捐血，還有更多元

的創意和支持行動。

1977年企業攜手捐贈捐血車後，和泰汽車以其在汽車領域的專業優勢，2011年獨自捐了「和泰一號」巡迴捐血車，開始為台灣捐血活動注入源源不絕的動力。

截至2023年，和泰汽車已捐贈到「和泰十二號」，總共捐贈了12台捐血車，成為國內捐贈捐血車最多的企業。

這些捐血車經常辦理捐血活動，奔馳在捐血的道路上，成為台灣捐血運動重要的支持後盾。和泰汽車管理本部本部長劉松山表示，台灣民眾捐血率全球數一數二，一個原因是國人充滿愛心，另一個原因則是捐血相當方便。

劉松山解釋，國外大都要到醫療機構才能捐血，台灣可以在各地捐血中心、捐血站、捐血室及捐血車捐血，選擇多而且環境又好，當然會吸引更多人定期捐血。

他強調，這些年來，和泰汽車捐贈捐血車無非是想拋磚引玉，吸引更多企業團體共襄盛舉，並燃起更多民眾的熱情，把捐血變成一個社會運動。

自從2021年和泰車體製造股份有限公司於彰化縣溪州鄉成立後，和泰集團便能自行打造出舒適又符合作業需求的捐血車，再次展現出本業價值與核心優勢。同年捐贈給台中捐血中心的「和泰十二號」，就是和泰集團自行打造的捐血車。

和泰集團於中台中營業所舉行「和泰十二號」捐血車捐贈及剪綵儀式，和泰汽車本部長劉松山（左2）、中部汽車總經理王永和（左1）、血液基金會執行長魏昇堂（右2）、台中捐血中心主任林冠州（右1）等代表出席。

捐血車外觀和一般巴士無異，內裝卻大不相同。首先，它必須要有足夠的動力，可以持續提供定點的電力需求，包括空調、檢驗、血品冷藏保存及其他項目。

以前動力大都來自於柴油引擎，排放廢氣既不利健康，也對環境帶來衝擊，後來慢慢改成油電車，行駛時以柴油為引擎動力，停在定點採血時，則改以插電方式提供所需電力，對人體健康及環境的影響相對較小。

和泰汽車 2023 年 12 月底在台北車展首度亮相了氫能巴士，這種氫能巴士是將氫氣轉為電力後提供動能，並且只會排放出水，不會造成環境汙染。

和泰汽車本部長劉松山期待，等到達到一定經濟規模後，或許有朝一日以氫能為動力的捐血車會是最佳選擇。

為地球永續盡企業責任

2012 年起，和泰汽車每年都會舉辦捐血號召活動，截至 2023 年年底，十二年來共舉辦了超過一千場，吸引超過七萬人次捐出十一萬袋以上的熱血，用實際行動響應募血，為社會做出重要貢獻。

劉松山認為，透過捐血活動可讓員工養成樂於助人的觀念，形成相當可貴的企業文化。

為了珍惜這得來不易的機會，每次捐血日之前，同仁都會互相提醒注意身體健康，不要熬夜、不要喝酒，劉松山笑稱捐血前那幾天，大家過的是清心寡欲的生活。

和泰汽車公共關係室室長丘玉宜發現，每年只要一公布各地營業所的捐血時程表，每個主管就會趕緊把時間空下來，就算那天有會議或其他行程，也都盡可能挪開。

以位於台北市松江路上的和泰汽車辦公室為例，到了活動那天早上，很多高階主管十點前就搭電梯到樓下，等著上停在路邊的捐血車捐血，讓她看得相當感動。丘玉宜認為，這種主管身先士卒的實際行動，當然會形塑為公司的文化。

除了捐血活動之外，和泰汽車還主動發起很多公益活動，比如與麥當勞叔叔之家合作，每個星期三或星期四煮一頓晚餐，分享給住在麥當勞叔叔之家的病童及家屬。

和泰汽車多年來一直鼓勵員工參與志工活動，每年有八小時的有薪志工假。劉松山發現，想為社會盡一點心力的想法與心情，已逐漸深入每位員工的內心，成為企業最可貴的文化。

玉山銀行創造愛心複利

企業對於捐血事業的多元支持行動，還包括了玉山銀行和血液

基金會、萬事達卡國際組織共同發行的「捐血認同愛心卡」。卡片除了具備一般信用卡功能，玉山銀行會從持卡人每筆消費金額中提撥千分之二，做為回饋捐血人及贊助捐血活動的公益基金。

今日來看「公益聯名卡」雖非罕見，但玉山銀行早在1999年，中華血液基金會（即今日之台灣血液基金會）計畫將原本發行的「榮譽捐血卡」由紙質改為PVC卡，增加捐血人識別功能及個人化設計時，便贊助了製作費用一百萬元，同年更進一步發行了「捐血認同愛心卡」。

在金融市場競爭激烈的當年，願意投入時間、人力進行溝通，並提撥額度支持公益活動實屬不易。無論是合作方式、向民眾傳遞的訊息，以及資源的平衡分配等，都要經過無數次的溝通才能達成共識。

為加強愛心卡的黏著度與新用戶投入，玉山銀行還加碼回饋，捐血就贈送持卡人消費紅利點數，創造愛心複利，而截至2023年，「捐血認同愛心卡」的回饋總金額，累積已達四百四十八萬八千八百七十元。

社團支持是冬日暖流

社團支持也是捐血運動五十年來最堅實的一股力量，同濟會、

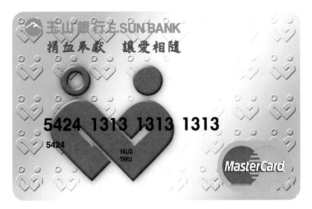

玉山銀行和血液基金會、萬事達卡共同發行「捐血認同愛心
卡」，從持卡人每筆消費金額提撥千分之二，做為回饋捐血人
及贊助捐血活動的公益基金。

扶輪社、獅子會等國際社團各區在全台長期、定期地辦理捐血活動，不斷激發民眾善意，也讓愛心在地方扎根。

例如，隸屬國際扶輪3522地區第5分區的同德扶輪社，自2008年便開始舉辦捐血活動，剛開始那幾年採不定期舉辦模式，2016年才固定在每年1月及9月容易缺血的月份各辦一場，如今已邁向第十七個年頭，募集的血量也從第一年只有115單位，快速攀升到1,000單位以上，捐血車也逐漸增加到四輛，可說是枯血期的一股暖流。

2024年1月強烈冷氣團來襲，在體感溫度不到攝氏10度的濕冷天氣裡，同德扶輪社一如既往在農曆年前1月底的週末，選在台北市信義區華納威秀旁的巷道舉辦捐血活動。

信義商圈冷冷清清，活動現場卻是人潮洶湧，紅白相間的帆布遮雨棚底下，擠了上百名響應捐血的熱心民眾，且半數以上是青壯的年輕人。

「這一點也不奇怪，」一大早就趕來幫忙的同德扶輪社前社長梁閔博笑著說，並不完全是選在信義商圈才吸引那麼多的年輕人，而是他們掌握時下年輕人的想法及日常生活脈動，早早就透過簡訊及LINE群組把捐血資訊傳送給一群積極配合捐血的年輕朋友，才會造成這種以年輕人為主的特殊捐血現象。

更酷的是，活動現場到處都掛著QR Code吊牌，只要用手機掃

描一下，即可上線填寫相關資料，簡單完成報到手續，並取得捐血號次。之後，每個人可以衡量自己號次和現場燈號的差距，決定留在現場或是先去逛街，再隨時上網查看叫號進度，等號次快到了再回現場捐血即可，可充分掌握時間，非常方便。

另一位也到現場幫忙的前社長周士淵補充指出，同德扶輪社多年來固定選在信義商圈舉辦捐血活動，逛街人潮很多，年輕人更占大宗，扶輪社會贈送華納威秀電影票，累積捐血次數四次以上、十次以上分別再加送其他小紀念品，非常吸引年輕人。

周士淵記得曾有一次，一位社友還商請華納威秀附近一家知名牛排館共襄盛舉，捐血當天把餐廳廚房的烤爐搬到活動現場，捐完血就可當場享用一客熱騰騰、香噴噴的牛排漢堡，造成轟動。

盡一份心力，讓社會更美好

同德扶輪社舉辦捐血活動還有另外一個重要意涵，現任社長蘇進明表示，十幾年來他們一直與財團法人犯罪被害人保護協會合作，走訪及資助那些在犯罪事件中受害的家庭，協助他們走出黑暗，迎向陽光，也鼓勵這些家庭成員回饋社會，幫助更多人，形成一個善的循環。

因此捐血活動現場，總是有多位曾接受資助的家庭成員身影，

148

他們熱心協助每一個捐血人，讓爆棚的捐血人潮能有條不紊地上車捐血。周士淵說，以前甚至還有在手搖飲料連鎖店工作的被害家庭成員，主動帶一大箱的手搖飲料讓大家分享，心意令人動容。

蘇進明表示，走過十幾個年頭，同德扶輪社累積了很多經驗，掃碼叫號等創新做法成效也非常好，蒐集了很多數據。他們不吝將這些經驗分享給其他有興趣的機關團體，一起在捐血這條路上盡一份心力，讓社會變得更加美好。

3-3 | 捐血送錢母，締造七十倍的奇蹟

　　捐血是永續事業，是一條奔流不止的長河，除了要靠每個捐血人的定期捐血外，也需要企業團體的大力支持，才能細水長流，走得更穩更遠，而在一般企業、團體支持者當中，位於南投縣竹山鎮社寮里的紫南宮可說是最為特殊的一個。根據血液基金會歷年來的統計，紫南宮是全國捐血量最多的民間團體之一。

　　這一切要從 2012 年說起。

　　台中捐血中心行政組組長楊梅英回想當年，他們一直擔心血液安全庫存量不足，積極開發血源，就想到紫南宮每年元旦發錢母的那天一大早，總是排了好幾公里的長長人龍，也許可以與對方合辦捐血活動。

　　於是他們隨即和紫南宮接洽，並獲得主委莊秋安的全力支持，從此拉開長期合作的序幕。剛開始，捐血車就停在廟埕右前方的戲

台旁。

但社寮里是個鄉下地方，年輕人大都外出打拚，留下來的多數是老人和小孩。這些老人家大半年逾七旬，依規定不能捐血；就算還未到捐血年齡上限，在「一滴血，一滴精」的傳統觀念下，也不熱中捐血，每次捐血活動只能仰賴外來參拜信眾的支持，捐血量並不是很多。

莊秋安仔細觀察，覺得有必要改變做法。經過管理委員會多方討論後，最終想出了捐血送錢母這個方法。

贈送買不到的錢母

捐一單位250cc的血，就送一枚鍍銀錢母，捐兩單位500cc，再加送一枚鍍金錢母，紫南宮的創新做法果然一舉成功。

說到紫南宮的錢母，可是大大有名。紫南宮香火鼎盛，信眾捐的香油錢本就不少，加上又提供借金服務，很多人向土地公借了一百元到六百元不等的錢，事業更加順利，為了感謝土地公保佑他們事業興隆賺大錢，往往隔年會去還金，給土地公更多，紫南宮的資源也就愈來愈豐沛。

基於取之社會、用之社會的理念，目前南投縣從國小到國中所有學生的學雜費，全由紫南宮一手包辦；此外，他們每年會依當年

輪值生肖，鑄造鍍金及鍍銀的錢母，並選在元旦當天發放。經過口耳相傳及媒體跟進報導，每年元旦一大早都吸引數萬名民眾排隊領錢母，人龍蜿蜒數公里，盛況空前，可說是除了元旦總統府升旗典禮之外，最大的民間活動。

莊秋安說，許多人為了拿到錢母而提前排隊，有的一個星期前就來占位，有的是前幾天來搭帳篷，有的甚至就睡在地上，如果遇到下雨天就撐傘或披上雨衣，讓他們看得相當不捨。

眼看提前排隊的人愈來愈多，難免擔心出意外，最後廟方改成只有前一天的 12 月 31 日那天晚上排隊才算數。

就算如此，元旦當天只發到早上十點鐘為止，發出去的錢母還是高達六、七萬枚。那些排在人龍後段拿不到錢母的人，只能明年元旦再來，或是趁紫南宮與台中捐血中心合辦捐血活動時，到現場捐血才能獲贈一或兩枚。

對許多人來說，這是個貼心的安排，既能捐血救人，還可拿到有錢也未必買得到的錢母，可說是一舉兩得。到紫南宮捐血，從此成了很具吸引力的選擇。

也因此，紫南宮捐血量從 2012 年一年 9 個車次 823 單位穩定成長，在捐血送錢母的加持下，突破 1 萬單位大關，2022 年更寫下 326 車次 5 萬 8,237 單位的新高紀錄，捐血量創下七十倍的成長！

莊秋安笑說，這是民眾愛心的展現，加上土地公協助，才有的

在紫南宮捐血送錢母的加持下,民眾參與踴躍,捐血量屢創新高。

成績。

每逢年節，捐血人潮超過一公里

　　土地公是神格最低的地方官，卻因掌管地方大小事，從居家平安、身體健康、嫁娶生子到事業發展，和庶民生活息息相關。台灣的土地公廟不計其數，紫南宮規模雖不大，卻深具特色。

　　莊秋安指出，社寮里位於濁水溪和清水溪交會口上游，早年交通不便，居民及農產品的出入都靠濁水溪的水路運輸，為了保佑往來安全，清康熙年間居民就在溪畔蓋間土地公廟，至今已有三百三十餘年歷史。

　　早年鄉下人際往來不多，年輕男女交往不易，嫁娶都憑媒妁之言，家長通常會向土地公和土地婆求姻緣，也祈求早日得孫，一旦如願，隔年元宵節便會準備牲禮還願，因此衍生出「吃丁酒」的習俗。丁酒中的「丁」，就是意指家中生了男孩，有出丁的意思。

　　莊秋安記得，大概是三十幾年前，一群遷居到桃園的鄉親因想念家鄉的滋味，包了遊覽車回到紫南宮吃丁酒，同時也感謝土地公保佑他們在外地的生活。

　　當年沒有手機，事先又沒有聯絡，突然一群鄉親回來吃丁酒，不少原本要吃丁酒的庄內男人見狀，貼心地離席，回家吃飯，把空

位讓給那些遠道而來的鄉親。那年以後，就有了每到農曆元月十六日，在外鄉親返鄉吃丁酒的習俗，就連一般外地客也聞聲而來，歡喜來逗陣。

最近幾年，專程來吃丁酒的都超過十萬人，堪稱盛況非凡。這些賓客除了會添些香油錢外，當然也成了紫南宮每次與台中捐血中心合辦捐血活動的潛在支持族群，一起捐血做好事，捐血量也才逐年攀升。

因為信眾過於熱情，如今遇上年節，台中捐血中心最高紀錄得同時派出五輛捐血車，才能勉強讓每個人都能完成捐血心願。

莊秋安表示，多年來很多信眾知道來紫南宮拜拜再加上捐血，即可拿到經土地公加持過的錢母，所以每到元旦、農曆春節連續假期就會專程前來。有些捐血人半夜從台北開車南下，清晨四、五點就到場排隊，等到台中捐血中心的捐血車開到定點時，排隊人潮早已蜿蜒超過一公里。

節日限定送項鍊，拿回家孝敬媽媽

而為了向媽媽們表達謝意，紫南宮每年母親節都會應景舉辦捐血活動，還特地準備季節限定的琉璃項鍊，好讓專程來捐血的人可以帶回家孝敬媽媽，感謝媽媽的養育之恩。

　　莊秋安常和這些捐血人分享，懷胎十月期間，母子臍帶相連，我們的血其實來自媽媽，把媽媽給我們的血捐出去救人，再把拿到的錢母回送給她，會比送其他禮物還有意義，如果把幾枚錢母設計成一串項鍊再送給媽媽，心意更足，更顯尊貴。

　　時間過得飛快，紫南宮與台中捐血中心合辦的捐血活動，一轉眼就已過了十二年。莊秋安強調，紫南宮土地公好商量，只要是做好事，祂都說好，捐血是救人助人的好事，土地公當然樂觀其成，他們也會一直辦下去。

3-4 劃時代的愛心廣告宣傳

「我不認識你，但是我謝謝你。」

如果要票選台灣十大廣告經典名句，這句以「快樂捐血」為主題的廣告詞，絕對名列前茅。台灣捐血運動也在一句又一句大家都可琅琅上口的宣傳金句中，蓬勃發展，寫下令全球驚豔的成績。

回顧捐血運動協會1974年成立那年，全台灣捐血量只有3,817單位，相較於醫療院所一整年動輒需近百萬單位的用血量，簡直微不足道。

早年，國人觀念相對保守，普遍缺乏捐血救人的動力，不難想見推動捐血運動是多麼地困難，不少捐血站或捐血室的護理人員常苦候一整天，也只等到少數幾個人上門捐血。

捐血風氣可以逐年形成，廣告宣傳不啻為一大助力。尤其出現血液供需失衡的緊急情況時，有效地呼籲民眾捐血，才能在最短時

間內把缺口補上，而能夠打動人心的宣傳金句，便是喚起民眾捐血熱情的最佳方式，若能邀請名人登高一呼，效果更是加倍。

　　「大家的好朋友」、已過世的資深藝人孫越，無疑是最知名的捐血代言人。

孫越以身作則捐血至屆齡

　　「捐血一袋，救人一命」及「愛，從捐血開始！」透過「孫叔叔」獨特、穿透力十足的嗓音呼籲，打動無數人的心，國內捐血率也因此逐年攀升。

　　1991年國人總共捐了106萬6,082單位血液，首度突破百萬大關，國民捐血率也來到5.18%，和歐美及日本等先進國家不相上下，捐血成了民眾引以為傲的選項。

　　如果說五光十色的表演舞台是事業，投身公益活動無疑是孫越的不悔志業。早在捐血運動協會成立之初，孫越就開始為捐血運動四處奔走，他總是告訴每一個人，只要伸出手臂，就可以救助並延續另一條生命，一點也不難，真的是太簡單了。

　　更何況，他認為捐血可促進新陳代謝，是一件健康又快樂的事，對自己無害，又能幫助他人，世上哪有比捐血更容易做的公益？因此，除了鼓勵大家踴躍捐血外，他更以身作則，直到年滿

台灣捐血事業四十週年慶祝大會，時任衛生福利部部長邱文達（中）感謝捐血終身志工孫越（左）及陳淑麗（右）。

六十五歲無法再捐為止。

即便如此，逐漸有了年紀的他還是站在捐血的最前線，時時呼籲大家共襄盛舉，讓捐血運動協會理事長葉金川相當敬佩。1995年葉金川擔任健保局第一任總經理時，才首次和孫越碰面，後來他轉換跑道到董氏基金會當執行長，兩人在推動戒菸的路上並肩作戰，從此成了忘年之交。

2014年葉金川接任血液基金會董事長，又和孫越一起為台灣的捐血事業辛苦打拚，仰望孫越一輩子從事公益活動的巨大身影，深受啟發，受用至今。

代言人巨星雲集

除了孫越之外，成龍、陳淑麗、賴佩霞、周華健、李玟、S.H.E及星光幫歌手等，在演藝界擁有一片天的眾多明星，也都在各時期的宣導活動中幫了很大的忙。當然，資深廣告人王念慈的全力付出也扮演關鍵作用。

血液基金會前執行長林素娟和孫越都是虔誠的基督徒，常一起在和平東路的靈糧堂做禮拜，王念慈也是教友，和孫越更是多年好友。當年林素娟有意拍一系列捐血宣導海報時，第一個想到的就是請王念慈幫忙，而她也爽快地一口答應。

　　王念慈的觀念很新，點子超多，拍過不少膾炙人口的廣告。她覺得捐血是每個人都能輕易做到的事，海報應走平易近人風格，因此捨棄大牌明星代言的一般常見手法，改以素人上場。

　　1990年的某天，她發現公司職員的女兒在辦公室跑來跑去，那模樣可愛極了，靈機一動幫這個小女孩拍了一張照片，再搭配「我不認識你，但是我謝謝你」這句廣告詞，以及「快樂新血」的主題，推出後果然吸引無數目光，宣傳效果十足。

　　有了那次的成功經驗，血液基金會和王念慈乘勝追擊。但王念慈改變策略，想找影藝界巨星來宣導，當時紅透半邊天的成龍就成了最佳人選。於是透過國際經紀公司進行接洽，並得到成龍的正面回應。

　　1995年成龍拍攝主題為「捐血難不難？」的海報及廣告時，正值影藝生涯高峰，前一年赴美國拍攝的《紅番區》，在美國上映獲得滿堂彩，接下來的好萊塢系列電影《尖峰時刻》更創下很高的票房紀錄，並登上《時代》雜誌，聲勢如日中天。

　　為了配合他幾乎滿檔的行程，那幅捐血宣傳海報及廣告雖足足等了一年多才完成，但他雙手握拳一肩扛起一名笑得無比燦爛可愛小女孩的畫面，配上「伸出手臂，做個快樂的捐血人」的文案，不僅引起熱烈迴響，也掀起一股捐血旋風。

　　能有這麼多大牌明星願意擔任代言人，留下許多膾炙人口的廣

邀請影藝界巨星宣導的策略，獲得當時聲勢如日中天的成龍正面回應，宣傳一出，引起熱烈迴響。

告，實屬難得，也證明了捐血助人的公益受到大眾認同及支持。

　　相較於成龍的瞬間能量大暴發，陳淑麗走的是細水長流路線，她和孫越搭檔的終身義工雙人組，從戒菸到捐血，一舉手一投足，默契十足。她常得意地說，孫叔叔凡事都走在她前面，唯獨分離術捐血這項，她捐了之後，孫越覺得不錯才跟進。

捐血發現自己的價值

　　說起捐血，陳淑麗已有三、四十年經驗。當時她逐漸從流行服裝的伸展台轉到演藝圈，有天在華視錄影到一半，突然莫名其妙停棚，原來一群人都跑到停在華視大樓外面的捐血車捐血去了，她也跟著捐出人生的第一袋血。

　　演藝圈的生活相當忙碌，經常日夜顛倒地不停工作，作息不正常，她也慢慢忘了捐血這回事。有天早上出完外景回家休息，等著晚上再進棚錄影，突然看到電視跑馬燈呼籲民眾踴躍捐血，她才想到好久沒捐血了，立刻跑到南海捐血室，卻因血色素不足而被拒於門外。

　　她心想自己都大老遠跑來了，請工作人員通融一下，還是被婉拒，不行就是不行。隔天，她不死心再跑一趟，血色素依舊不足，還是捐不了血。

　　結果她就這樣連續跑了好幾天，直到第八次血色素符合標準，才完成再次捐血的心願。後來，陳淑麗跟孫越分享那件事，直說自己屢試屢敗，八次才捐血成功的不懈精神，和黃花崗七十二烈士沒什麼兩樣。孫越看她如此熱中，就帶著她擔任義工，一起為捐血活動代言。

　　後來，陳淑麗雖改吃素，生活作息並未受影響，還是定期去捐血，從事各種公益活動。有天她又到南海捐血室捐血，工作人員特地跑來跟她說，她們正在等她捐的那一袋血。

　　「怎麼了嗎？」陳淑麗聽得滿頭霧水，原來有個也是吃素的老阿嬤隔天要開刀，堅持一定要輸素食者捐的血才肯接受手術。她捐的那袋血，剛好可以派上用場。她當下心想，天哪！竟然有這麼巧的事。

　　陳淑麗說，從小爸爸媽媽都期望她長大後能有一番作為，但她成績並不出色，從當模特兒到走進演藝圈，似乎也沒有大紅大紫過，想結婚卻嫁不了人，感覺人生好像就這麼過了。那天獲知她捐的那一袋血竟被指定特殊用途，讓她第一次發現自己的價值。

　　激動之餘，她突然明白，原來要做個有用的人並不是那麼困難，只要伸出手臂捐血就可以，這也才領悟孫越那張「快樂的捐血人」捐血海報中，那句「伸出你熱情的手，做個快樂的捐血人！」的真諦。

　　從此，陳淑麗更加注重健康，盡可能維持正常的生活作息，也常練瑜伽，甚至還和朋友專程跑到印度學瑜伽，卻沒想到竟然出了問題。

　　有一次從印度回來，竟被要求一年內不能捐血，她才知道原來為了用血安全，去過某些國家地區的人，因有可能感染某些病毒，一年內不能捐血，而印度被列為瘧疾感染危險區。

　　對一個熱中捐血的人來說，被「關禁閉」一年，心情苦悶可想而知，從此陳淑麗每次出國都特別小心，還會上血液基金會官網，查看哪些國家地區被列在捐血的高風險名單之中，免得踩雷。

影劇圈的熱心回應

　　1980～1990年代，台灣捐血運動走過草創期，進入發展期階段，需要更多人挽袖捐血，也更需要把自願無償捐血的精神散播到社會每個角落，捐血運動協會於是邀請一些名人義務宣導。

　　除了「大家的好朋友」孫越、陳淑麗以及王念慈之外，還有電影導演虞戡平、電視綜藝節目當家主持人張小燕、電視節目製作人葛福鴻與王偉忠、演員江霞與劉瑞琪、流行音樂製作人李壽全、廣播電台音樂節目主持人陶曉清與凌晨、跨足寫作及出版的詹宏志、作家張曉風、丁松筠神父，以及歌仔戲天王巨星楊麗花等人，全都

是當時影視及文化圈名氣響亮的人物。

　　在那個只有台視、中視及華視等三家無線電視台的年代，看電視及聽廣播幾乎是國人最普遍的日常休閒活動，一旦碰到血源不足的緊急狀況，透過這些名人在節目登高一呼，把訊息快速傳播出去，就可號召一批又一批熱血民眾出門捐血，緩解醫院缺血的燃眉之急。

　　1990年血液基金會成立後，為了更加深化捐血救人的觀念，再進一步想出了捐血代言人這個點子，知名歌手李玟和周華健因形象清新，且又相當認同捐血活動，就成了繼孫越、成龍之後的第二波代言人。血液基金會資深公關杜文靖記得，當年找上李玟可說是機緣巧合，只知道她有醫學相關教育背景，對捐血應該不陌生，因此透過傳播公司邀請她代言。

　　一如其爽朗活潑個性，李玟不僅欣然答應擔任捐血代言人，不收取任何費用，還全力配合。當時，她人在美國，回台灣拍形象廣告的機票及食宿全都自理，只要求基金會幫她準備一套入鏡時的運動衣褲，十足展現平易近人的性格，配合她個人形象拍攝的「快樂捐血，健康加倍」宣導海報及人形立牌，深深打動人心。

　　周華健是接在李玟之後的捐血代言人。血液基金會透過關係找到他的經紀公司，得知他的個人專輯《愛相隨》正要發行，於是就想了一個「快樂捐血，讓愛相隨」的宣傳詞，巧妙地將捐血和專輯

166

已故歌手李玟，當年以其清新形象擔任捐血代言人，深化民眾捐血救人的觀念。

連結在一起。

2014年，葉金川接任血液基金會董事長後，深感代言人對推動捐血運動的重要性，不宜中斷。當年參加電視歌唱選秀比賽「超級星光大道」一夕爆紅的創作型歌手「拉拉」徐佳瑩，因為畢業自中台科技大學護理系，擁有醫護專業背景，在眾多候選名單中脫穎而出，成了代言人。

當時，徐佳瑩個人專輯《尋人啟事》也正要發行，杜文靖心想既然主題是尋人，就把尋人的對象設定為捐血人，透過徐佳瑩可穿透人心的歌聲，把很多潛在的捐血人一一找出來。

從此，捐血代言人一個接著一個，至今依然。

徐佳瑩之後，依序有同樣出身自「星光幫」的曾沛慈，以及吳汶芳和黑嘉嘉，還有台灣最速男楊俊瀚。其中，創作型歌手的吳汶芳還為捐血活動寫了一首歌〈愛與被愛〉，廣為流傳。

「愛與被愛，哪一種姿態，我都值得擁有這精采；流動的記憶裡，有你的溫暖，陪伴著我去翱翔。」字裡行間，有捐血人對自己無悔付出的驕傲，也有捐血人對受血者的深切關懷。

代言人當中和前幾位比較不同的是黑嘉嘉。她是台灣女子職業圍棋棋士，從小就在黑白棋子間對弈，慧點中透著靈性，相當討喜，加上她又熱愛捐血活動，有定期捐血習慣，由她代言再適當不過。她每次捐血後在臉書分享，總是吸引眾多粉絲目光，開拓不少

年輕捐血族群。

即時通訊軟體的多元宣傳

　　因應智慧型手機及即時通訊軟體的普及使用，血液基金會的行銷策略也跟進，在通訊軟體LINE上建立一個官方帳號「愛捐血」，其功能包括捐血小幫手智能查詢，只要輸入關鍵字，官方帳號就會秒回答；想查詢捐血地點，只要點選自己所在位置，帳號也會自動推播捐血點的資訊。有大量特定用血需求時，還可以透過帳號發送給特定血型、特定地區、符合捐血資格的捐血人，及時募集到需求血液。

　　此外，透過該帳號，也能連結至感染危險區查詢系統。血液基金會公關處處長黎蕾表示，國人去哪些國家回來後仍可繼續捐血、去哪些國家回來後必須暫緩捐血一個月、三個月或一年，都能立即查詢。

　　為感謝像陳淑麗這種積極參與捐血活動的人，捐血運動協會自1976年起舉辦捐血績優表揚大會，第一屆是選在台北市重慶南路的民眾活動中心，表揚對象為捐血超過一千人次的團體，以及捐血超過五次的個人，對他們表達最崇高的敬意與謝意。

　　1995年起，更安排績優捐血人到總統府晉見總統，那一年有

二十六位捐血人獲得晉見總統李登輝的殊榮。近三十年來,被推選晉見總統的績優捐血人逾千人,對他們的捐血成就是個肯定,對廣大的捐血族群更有「有為者亦若是」的激勵效果,讓捐血成為台灣最有成就的社會運動之一。

　　除了表揚大會外,為了讓捐血運動更加普及,1976年還成立「宣傳指導委員會」,聘請卓有聲譽的新聞界人士為委員,策劃督導宣傳工作,並協調聯繫媒體報導事宜,報紙及電視的相關報導大量成長,與此同時,協會的《捐血簡訊》也開始發行,成效卓著。

　　不過,隨著時代變遷,媒體宣傳管道及方式都有大幅改變。早期國內的媒體以報紙、電視、廣播和雜誌為主,只要掌握這些媒體的屬性及脈動,就可把一些訊息傳遞出去。

加強網路、社群溝通

　　人工智慧AI及生成式AI的超快速時代來臨,從臉書、IG、推特、LinkedIn到YouTube,社群媒體多如牛毛,加上人手一支手機,只要拍些照片、寫些文章,每個人都可上網發表意見,人人都是自媒體。

　　面對和以前完全不同的媒體生態,黎蕾認為,捐血運動協會和血液基金會的宣傳策略也要與時俱進,掌握社會脈動,知道每個人

的想法，也才能規劃出最合宜的宣傳手法，繼續推動捐血運動。

仔細評估目前台灣的社群媒體生態後，他們把宣傳主力放在 LINE 官方帳號、臉書和 IG 等社群網路，臉書的使用者多，且偏向中高年齡族群，而這也是目前捐血的主要對象。

IG 以視覺圖像取勝，深獲年輕人青睞，未來捐血在高齡化及少子化的雙重衝擊下，若想捐血量穩定成長，就需多了解年輕人的想法，而這也是他們今後要深入經營的區塊。

2020 年前後，臉書官方主動與血液基金會合作，建構「捐血情報站」的特殊功能，可以根據臉書使用者當時的所在位置，標示出最近的捐血站、捐血室或捐血車的地點，並提醒使用者可以就近去捐血。

高雄捐血中心主任洪啟民也深深感受到近年來媒體環境的變遷，以前他們想做捐血宣導時，只要在電視上播一播，就可以收到很大的效果。如今已是網路時代，社群媒體成為資訊流通的主流，他們的做法也要跟著改變。

洪啟民說，高雄捐血中心和台南捐血站都有臉書粉絲團，兩個加起來有二十幾萬名粉絲，除了訊息的傳達和溝通，如果碰到一些重要事項，他們也會透過後台的投放，增加特定地區及特定族群的觸及率。

最近他們甚至還跨足 Dcard，看中的是在這個年輕人最大的匿

台灣女子職業圍棋棋士黑嘉嘉本身就有定期捐血的習慣，
由她擔任代言人，開拓不少年輕捐血族群。

名社群中，可以把職場生活、情感婚姻等現實中不敢討論的話題寫上來，尋求共鳴，他們再從中了解年輕人到底都在想什麼，及早為下一個世代的捐血做好準備。

卽時危機處理錯誤的訊息散播

不過，網路速度飛快、社群媒體當道的今天，這些新興的傳播工具有時也會帶來反效果，甚至危機。血液基金會執行長魏昇堂就對一起網路攻擊事件印象深刻。

PTT是個流量很高的網站，COVID-19全球大流行期間，曾有人在上面貼了一則訊息，指稱他的媽媽生病要動手術，醫師卻臨時說要暫緩，理由是疫情期間缺血。

這個人不滿地說，他是個捐了二十幾次血的捐血人，家人應該有優先用血的機會，如今卻被往後挪。他又表示自己是花錢買血之後，媽媽才順利開刀。

這篇貼文立即引起迴響，一下子有兩百多則回應，幾乎一面倒聲援他，全在指責捐血中心的不是：「不合理！」、「不公不義嘛！」

魏昇堂得知消息後，立即啟動內部危機處理模式，了解整件事的來龍去脈，確認那是一起惡意攻擊。因為自從1995年健保開辦至

今，所有輸血的病人都不用為了輸血而花錢去買血，那個人的貼文內容簡直就是匪夷所思，完全不正確。

問題是，網路貼文往往具有煽動性，很多網友不分青紅皂白地附和他的言論，開始跟著攻擊，如果不主動解釋，很可能會釀成更大的風暴。

魏昇堂因而緊急請一位具有PTT會員資格的同仁上去回應，除了詳細說明台灣捐輸血的現況外，還請原先貼文者說明清楚，他媽媽到底在哪家醫院開刀輸血？為什麼要買血？又向哪個單位買血？

結果那位同仁的貼文登出後，原先的貼文者就消失不見了，沒有任何回應，從此整個網路輿論完全轉向，他們也成功擋下一次惡意攻擊。

事件平息後，血液基金會內部檢討後決定，以後宣傳的方法可能要稍做調整，不能專注於強調少子化以及年輕人不常捐血、未來有可能缺血這個議題，而是要讓年輕人更了解捐血知識，並鼓勵更多年輕人捐血，才能讓台灣的捐血事業永續發展下去。

魏昇堂解釋，如果一再強調少子化及年輕人不常捐血，那是一種情緒勒索，好像你非來捐不可，容易讓一些人聽了反感，更加不願意參與。既然捐血是無償的自願行為，唯有讓所有人歡喜甘願來，才能達到捐血救人的最高目的。

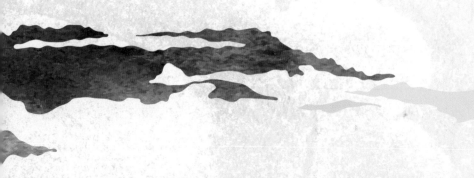

| 第四部 |

砥柱

堅持用血安全及品質,不斷努力精進,不忘初心。
奮戰多年,血液基金會引進了最先進的血液檢驗系統,
建立最縝密的資訊系統,同時進行資源整合導入智慧科技,
營造方便安全的捐供血環境,
並在台灣多次的重大災變中,成為醫療救援最有力的後盾。

4-1 | 捐血中心，幸福改造

捐血中心的核心價值是什麼？

這是個大哉問，答案可能有很多種。血液基金會董事長侯勝茂認為是利他，而高雄捐血中心主任洪啟民則進一步闡釋，就是為了病人。

侯勝茂表示，利他可分兩個面向解讀。從捐血人來說，他捐的那一袋血可以救人，自己又能從中得到快樂，既利他，又利己，何樂不為。

對血液基金會來說，把這些捐血人自願無償捐出來的血液，經過過濾、分離與檢驗，再交給醫療機構救治病人，讓他們重新找回健康，免於死亡的威脅，對病人、對醫療機構都是好事，也落實利他的核心價值。

然而，沒有走進各地捐血站、捐血室及捐血車的熱血民眾伸出

手臂，一切都是空。也因此，近年來各捐血中心無不全力把捐血空間打造得更溫馨且貼心，讓熱血民眾從走進去的那一刻起，就感到舒適自在。

捐血空間創新也溫馨

過去很難想像，捐血後可以一邊啜飲自己沖泡的咖啡，一邊看著忘情嬉戲的孩子，享受悠閒的午後時光。但新竹捐血中心就是如此貼心地把捐血室一隅設計成親子空間，木質地板溫暖舒適，空間有如文青咖啡館。該中心業務組組長黃莉雯發現，自從休息室重新改裝後，年輕的爸爸媽媽前來捐血時都會多逗留一會兒，讓孩子在裡面玩耍。

新北市三重捐血室更把親子互動概念融入設計中，以活潑生動的捐血寶寶立體彩繪，把捐血室打造成「童話天堂」和「大海風情」兩種不同風格，就是要吸引親子的目光，讓捐血人能在輕鬆的氛圍中捐血。

而設在台北捷運忠孝復興站和忠孝敦化站之間地下街的忠孝捐血室，不僅方便民眾交通往返，還與擁有高人氣的「柴語錄」跨業合作，打造全國第一間主題捐血室，廢柴、阿吉和太子等超可愛的「柴語錄」主角，搖身一變為最萌的捐血大使，成為民眾爭相打卡

近年來，各捐血中心紛紛進行空間改造，讓熱血民眾感到舒適自在。圖為忠孝捐血室捐血車的活潑造型及柴語錄打卡牆。

的對象。

　　至於停放在台北市西門町熱鬧商圈的峨眉號定點捐血車，則打破朝九晚五的例行捐血時間，改為下午一點到晚上九點，讓眾多逛街或下班後才有多餘時間的民眾，有個可以挽袖捐血的新選擇。

　　這些推陳出新的點子，無非是想透過各種巧思更貼近民眾的心，讓大家對捐血能有更多了解，成就「捐血一袋，救人一命」的美事。

優化工作場域

　　以病人為中心的利他過程中，如果沒有各地捐血中心所有工作人員的全力配合，善意當然也無法實現。

　　「每位工作人員都是捐血中心最寶貴的資產，一定要小心呵護，避免他們在工作時受到任何傷害，」台北捐血中心主任林敏昌認為，人性化的管理，讓所有工作夥伴都能樂在工作，以及提供一個安全無虞的工作場域，減少意外及傷害至關重要，唯有讓他們樂在工作，才能為捐血人及用血病人搭起一座堅實的橋梁，讓更多人受惠。

　　位於關渡的台北捐血中心愛心樓，興建至今已有近三十年歷史，主體結構沒有剛蓋好時的堅固，就算是個小地震，都會感受到

大程度的搖晃，五樓的天花板甚至還曾掉落過，裡面的工作人員都覺得恐怖。

而且隨著業務量不斷擴增，內部動線也愈來愈混亂，檢驗課被迫分別在二樓及五樓作業，相當不方便，於是林敏昌將其整合到四樓，進行空間大改造，但這是「穿著衣服改衣服」的變通之計難度很高，充滿了挑戰，所幸終究還是順利完成，還給同仁一個方便又安全的工作場域。

台北捐血中心供應課冷凍庫大門右上角那十六個監視螢幕，又是另一個貼心的設計。冷凍庫是重要的血品存放處，採集回來的血液檢驗合格後，分離完成的血漿都會送進攝氏零下30度的冷凍庫內保存，再運送到各醫院血庫備用，進出冷凍庫的工作人員都必須穿上厚厚的雪衣，並隨身帶著手機，以防萬一在裡面出了狀況可以隨時對外求救。

台北捐血中心企劃課課長劉俊宏表示，那十六個監視螢幕能涵蓋冷凍庫內的任何一個角落，在冷凍庫外工作的夥伴可以隨時監看裡面的狀況，單位主管也都養成隨時數人頭的習慣，一發現不對，立即進去救人。

為了避免意外，冷凍庫的門還經過特殊設計，就算從外面鎖住了也可以從裡面輕鬆打開，而且還有緊急按鈕，按下去之後，有兩處二十四小時人員值班的地方會響鈴，一個是供應課的領血櫃台，

台北捐血中心供應課冷凍庫大門右上角有十六個監視螢幕，能隨時監看冷凍庫內的狀況，以防意外發生。（攝影／薛泰安）

一個是一樓保全室，萬一出現狀況，可以即時得到救援。

劉俊宏説，攝氏零下30度是個難以想像的溫度，待在裡面什麼狀況都有可能發生，就算帶了手機，有時候一緊張可能會忘了怎麼按鍵，設計這麼多道安全防護關卡，無非就是要確保所有工作夥伴的安全。

資源整合導入智慧科技

除了愛心樓的修繕之外，台北捐血中心購得相鄰的一塊三百多坪空地，目前正在規劃蓋新大樓，並將導入一些創新概念，包括智慧管理、綠能管理及自動化倉儲等，以因應業務量的日益增加，提供足夠的作業空間。

林敏昌表示，捐血事業是個勞力密集的產業，以成分課為例，那是個相當仰賴人力的單位，最需要自動化管理來減輕人力負擔。自動化倉儲既快速又可提高準確率，且可減少人員進出倉庫的頻率，讓人力調度更加靈活，減輕工作負擔。

從基層出身，林敏昌很清楚第一線工作同仁可能面臨的問題，也不時動腦筋想著要如何優化作業場域，導入更人性化的管理，把台北捐血中心打造成一個幸福機構。

人力及資源的整併運用，也是捐血中心改造的一大重點。林敏

昌舉檢驗為例，以前台北、新竹、台中及高雄捐血中心都有自己的檢驗部門，有人力及檢驗儀器資源重置的問題，如今已整合成兩個檢驗中心，分別設在台北及高雄，人力更省，效率不減。

　　既然如此，且台灣不大，交通又相當便利，為何不集中在一個捐血中心檢驗就好？林敏昌對此有不同看法，尤其是COVID-19全球大流行期間，大多數人都被迫隔離，不是居家工作就是異地上班，整個作業流程都被打亂，造成極大的作業壓力。

　　檢驗作業分在台北及高雄兩個捐血中心進行，有異地備援的作用，可在出現流行疫情等緊急狀況時，維持正常運作。萬一發生不可抗拒的天災、人禍、損壞設備，有兩個中心互為備援，不會間斷也不影響捐血工作及檢驗。

最先進的血品製造中心

　　檢驗如此，AI資訊系統又何嘗不是，唯有做好周全準備，才能將風險降到最低。

　　血液基金會執行長魏昇堂指出，以前台南捐血中心位處市區精華地段，周邊道路狹窄，大型捐血車出入不便，鄰近居民常有微詞，因此規劃在安南區一塊自購土地上興建新的捐血中心，但因財務負擔沉重而延宕了十年。

2023年11月，血液基金會董事長侯勝茂（左5）與台南市市長黃偉哲（左6）參加安南血品製造所上梁儀式，期能成為亞洲血液科技領航者。

後來為引進先進自動化血品作業及檢驗流程，有效提升營運量能，並結合南部兩個捐血中心的財力支援，乃將台南捐血中心併入高雄捐血中心，同時轉型為捐血站，血液基金會因而提出前瞻規劃，在安南區那塊土地上興建最卓越的血品製造生產線，全名為安南血品製造所，2025年年底即可完工，屆時將引進最先進的自動化製造及檢驗設備，提供國人更安全的血液製劑及血品。

魏昇堂強調，引進最新科技，既可提升國內用血安全，又能節省人力，並讓同仁在安全舒適的環境工作，一舉數得，而這也是基金會一直持續努力的目標。

4-2 | 即時救援，醫療後盾

　　利他，堅持以病人為中心的那份美好，一直是台灣捐血事業的核心價值，從血液基金會董事長侯勝茂到各捐血中心工作人員等，眾多「熱血人」念茲在茲的信念，數十年不渝。

　　「我從來不會為了捐血而捐血，只會為了病人而捐血，完全以病人為考量，病人有任何需求，使命必達，」高雄捐血中心主任洪啟民強調，以病人優先的信念，在一般日子裡或許看不太出來，一旦出現重大災難事件，應變能力和直覺反應就會顯露無遺，而且直接影響緊急用血的調度能力。

直覺的應變能力

　　2014年7月23日晚上七點發生的復興空難，就是一個例子。

　　當天傍晚，從高雄小港機場飛往澎湖馬公機場的復興航空班機，準備降落時疑似因麥德姆颱風的風雨過大，駕駛重飛失敗而墜毀於湖西鄉西溪村，造成機上四十八人罹難、十人重傷及五名當地居民輕傷的重大飛安事故。

　　澎湖是高雄捐血中心負責供血的責任區域，洪啟民和同仁得知消息後，立即和澎湖縣衛生局連線，同時加入緊急醫療網，第一時間掌握死傷人數、人員傷勢及傷患血型，同時盤點三軍總醫院澎湖分院及部立澎湖醫院的血庫還有多少血，還能撐多久。結果發現，當地庫存血量不足，根本無法因應那次重大空難所需的血液。

　　由於事出突然，加上天色已晚，澎湖空域緊急關閉，例行飛機暫停起降，下一班家屬專機最快也要隔天清晨五點多才起飛。

　　洪啟民和同仁於是漏夜準備好所需用血，再請高雄市衛生局協調，讓他們隔天一大早帶著那批四白袋的血液，一起上家屬專機，緊急送到澎湖，直到那些傷患分別後送台北及高雄接受進一步醫療後，才解除任務。

　　另一次緊急事故也是發生在澎湖，那是兩年後、2016年12月17日下午一點四十分，發生在連接白沙鄉和西嶼鄉跨海大橋上的一起重大車禍，兩部自小客車高速對撞，造成兩人死亡、四人重傷。

　　高雄捐血中心業務組組長葉正弘接到緊急供血的任務時，已是下午四點多了，距離那天晚上七點最後一班飛往澎湖班機的起飛時

間剩不到三小時，他除了緊急調集血液，並透過關係請遠東航空的班機稍加等候。

一切備妥後，他們立即驅車狂飆趕往有一段路程的小港機場。原本以為那些血液要送到貨運站託運，半路上航空公司來電要他們直接送到劃位櫃台，交由工作人員帶上飛機後，那班飛機才起飛。

經驗累積，緊急配送血液搶救傷患

突發的災難事故，時間就是一切，能盡速把血液送到醫院，並適時輸到傷患體內，才能從死神手上搶回一條條寶貴生命。

2015年6月17日晚上發生在新北市八里區八仙樂園的粉塵爆炸事件，短短四十秒就奪走十五條人命、造成至少四百七十人燒燙傷的重大意外事故，帶給國人極大震撼，同時也再次印證了快速反應的重要性。

當年是供應課課長，現為台北捐血中心企劃課課長的劉俊宏回想，事發當時他正在下班開車途中，聽到廣播電台插播該起重大事故後立即在路邊停車，打電話給值班同仁交代一些緊急處理流程，並隨即調頭，開車回捐血中心。

他當下判斷，這麼大的意外事故，傷患第一時間一定被就近送到各個責任醫院，如果等醫院打電話來申請用血，恐會緩不濟急，

無論是常態備血或因應重大緊急事故，捐血中心負責全台供血需求，為醫療系統最堅
實的後援。（攝影／薛泰安）

因此他開始主動盤點各醫院的庫存血液還有多少，再把所需的血品送到各醫院去，爭取時效。

他判斷的依據有二，一是醫院距離台北捐血中心的遠近，二是醫院的大小規模。根據他多年經驗，大醫院的血庫通常備有較充足的血品，可以撐過第一波湧入的重大傷患，反觀小型醫院的庫存血品較少，可能一下子就用光了。因此，他優先把血品送到那些小型醫院。

此外，他還決定把O型紅血球緊急送到各醫院，因為O型紅血球又有「萬用血型」之稱，可輸到各種血型的傷患體內，在緊急情況下非常管用。

接下來，他們再依地理位置遠近，先打電話給離關渡台北捐血中心最近的淡水馬偕醫院，再依序打給振興醫院、新光醫院、台北馬偕醫院。

之所以會跳過振興醫院對面的台北榮總，是因為他們知道台北榮總規模很大，庫存血品較多，還可應付第一波送進來的傷患，不用急著第一波送血過去。

更重要的是，他們不等各醫院派車來台北捐血中心領血，而是由他們叫計程車主動把血品載送到各醫院，節省一半時間，當然也多了搶救傷患的機會。

這些臨場應變方式，其實是一次又一次的經驗累積而來。

　　八仙塵爆不久前的2015年2月4日上午十點五十六分，復興航空從台北松山機場飛往金門尚義機場的班機，起飛不久後右引擎故障，失速墜落在基隆河南港段，五十八名乘客及機組人員中，四十三人死亡。

　　更早之前的2003年7月21日凌晨時分，一輛尊龍客運在北二高土城交流道北上四十公里處，發生六人死亡、四人輕重傷的火燒車交通事故，都讓台北捐血中心累積處理緊急用血的經驗。

克服天災人禍，使命必達

　　以無數生命換來的經驗，在重大事故中必須要有效發揮、即時應援。

　　2018年10月21日下午四點五十分，台鐵北迴線蘇澳鎮新馬車站發生一起造成十八人死亡、兩百一十五人輕重傷的普悠瑪自強列車脫軌翻覆事故，捐血中心立即啟動緊急因應措施，即時將血液送達用血醫院。

　　當然，這些經驗最好是備而不用。洪啟民記得，2015年2月11日一起發生在高雄監獄的人質挾持事件，部分受刑人挾持典獄長等人，與警方對峙，隨時可能暴發槍戰造成大量死傷，高雄捐血中心加入緊急醫療系統，隨時準備供血，後來因受刑人自殺身亡，事件

才沒有繼續擴大。

未雨綢繆，防患於未然，永遠是危機處理的最高準則，其中也包括天然災害。

屏東縣東港鎮雖是個港口城鎮，持續幾天大雨後，還是可能成為水鄉澤國，一旦位於市區的安泰醫院或輔英科技大學附設醫院急需用血，就會面臨無法運送血液的困境，危及病人生命。

當時為了解決這個問題，洪啟民商請安泰醫院去借一部輪子高高大大的農用曳引車，直接開到已經淹水的南二高東港交流道出口，接下高雄捐血中心專程送去的血品，再穿過淹水路段把這些血品送到醫院。

天然災害帶來的各種狀況往往超乎想像，一旦碰上了，就必須想辦法解決，甚至要事先預做準備。因擔心萬一有天淹大水，血液送不到醫院，洪啟民還特別和高雄燕巢的工兵學校洽談好，向他們借用俗稱「水鴨子」的水陸兩用車，屆時可直接涉水而過。

為偏遠地區做好緊急備案

高雄捐血中心負責區域幅員廣大，地處高雄市西北隅山區，緊鄰嘉義縣阿里山鄉的那瑪夏區，從捐血中心出發光是一趟路就要近兩個小時，小病還可以忍，急重症就可能會出人命，因此洪啟民想

把血液放在當地衛生所備用，因應緊急狀況。

　　他跑了幾趟，也和那瑪夏衛生所主任一再討論，最後卻不了了之，因為用血前必須要醫檢師做血液的交叉試驗，當地卻沒有全天二十四小時待命的醫檢師，就算有庫存的血液還是沒有助益。

　　同樣的情形，也出現在屏東縣的大武鄉及小琉球。

　　在台東外海的綠島和蘭嶼，也沒有足夠的醫檢師，如果臨時出現急需輸血的傷病人，通常都從台東豐年機場派出救難直升機把傷病人接回台東。飛行途中，就由醫護人員緊急輸血，抵達機場後再轉送台東馬偕等責任醫院。

　　在高雄待了十幾年，洪啟民非常清楚責任區內的用血狀況，他算過送血最遠的地點是關山慈濟醫院，於是做好備案，如果該院急需用血，他們就請有合作關係的計程車專程將血液送到台東捐血站，再轉由當地物流業者接手，運送到關山。

　　他算過，從高雄開車到台東要三個小時，從台東到關山，又要多出一個小時，那是漫長的路途，但為了挽救病人生命，路途再遠、車資再貴，他們都會承受。

捐血中心的一貫精神

　　為了病人，再難再苦也要全力以赴的精神，其實在早年忠仁、

忠義那場吸引國人目光的連體嬰分割手術中，便已展露無遺。即便已過了四十幾年，叢萍至今仍歷歷在目。

1978年9月10日一大早，台大醫院醫療團隊在該院第二手術房進行分割手術，創下亞洲第一「三肢坐骨連體」男嬰分割成功的紀錄。在那之前，美國、英國及法國也執行過連體嬰分割手術，台灣則是世界第四例，當年僅有的三家電視台全程實況轉播，不難想像國人關心的程度。

就因為那是台灣有史以來最受矚目的醫療事件，台大醫院背負只許成功、不許失敗的重大壓力，負責供血的台北捐血中心更是戰戰兢兢，全力配合。

叢萍記得，當年台大醫院要求台北捐血中心備妥6萬cc的血液，等同於兩百四十位捐血人一次的捐血量，當時協會成立僅四年，全年的捐血量也不過十幾萬單位，於是一一通知捐血人先來驗血，再將他們分成兩批，其中一批人於9月9日先來，另一批於隔天9月10日手術當天一大早再來，以確保那次分割手術供輸血任務必順利達成。

他們原本請第二批捐血人於清晨六點三十分前來捐血，沒想到才過五點，天色還有點昏暗，那些捐血人就陸續趕來。在台大醫院等醫療團隊約四十名醫護人員、連續十二小時手術下，總共輸了1萬750cc血液，終於順利完成相當艱難的分割手術，寫下歷史。

4-3 | 奮戰十年，引進NAT血液檢驗系統

　　捐血運動協會成立短短十幾年，1991年起，所有醫療院所都已全部採用自願無償捐得的血液，而且除了供血量的成長，血品安全更是不斷精進。

　　長久以來，台灣所有血品雖然都經過血清免疫試驗的嚴格篩檢，但偶爾會有遭受感染的捐血者體內存在少數病毒，因處於檢驗空窗期而未被檢出，造成用血病人因而感染的意外事件。

　　為了解決這個問題，血液基金會自2013年2月1日起全面實施最先進的「病毒核酸擴增檢驗」（Nucleic Acid Amplification Testing, NAT），至今，沒有任何人因為輸血而感染愛滋病毒、B型肝炎病毒及C型肝炎病毒的案例，血液基金會董事長侯勝茂盛讚，這是個很不簡單的成就。

　　然而，如此亮麗表現的背後，卻有段鮮為人知的艱辛歷程。

　　早年台灣愛滋病毒檢驗是採用廣泛被運用的血清免疫試驗，利用抗體與抗原專一性結合的方式檢測血液中的病毒，但前提是病毒抗原或抗體要達到一定濃度以上才能檢驗出來，而這通常需要幾天時間，因此有一段檢驗的空窗期。

　　就因為血清免疫試驗存有空窗期的問題，平均每一到兩年就會出現輸血感染愛滋病毒的個案，引起恐慌。至於國人帶原率較高的B型肝炎病毒及C型肝炎病毒，經輸血而感染的比率更高。

爭取病毒核酸擴增檢驗的漫漫長路

　　林國信擔任血液基金會董事長的1995～2013年期間，曾多次出國參加國際輸血學會會議（International Society of Blood Transfusion, ISBT），得知澳洲、紐西蘭、新加坡、香港、日本及韓國等亞太地區國家都已採用NAT檢驗，就連東南亞的泰國、印尼及馬來西亞也都跟上了，反觀曾是亞洲四小龍之一的台灣竟然尚未採用，感到不可思議。

　　有一年，他前往墨西哥參加第三十二屆ISBT，回國後更是激動地說，主辦國首都墨西哥市血液中心的廁所連門都無法上鎖，卻已採用NAT來保障血品的安全性，我們卻還沒起步，讓他感到汗顏，因此更加堅定一定要努力朝引進NAT的方向邁進，和世界接軌，保

障病人的用血安全。

　　2006年血液基金會進行NAT前期試驗，發現少部分看似健康的捐血人，他們的血液還是可以檢測出微量病毒，且B型及C型肝炎病毒的檢出率還高於鄰近國家，可見透過實施NAT檢驗來降低輸血感染的風險，已勢在必行。

　　血液基金會研究處處長程仁偉解釋，在引進NAT之前，只能仰賴血清免疫試驗來檢測血液中的病毒抗原或抗體。當一個人被病毒感染了，當下病毒抗原或抗體的含量通常很低，要等幾天後才會慢慢出現，因此感染後的那幾天是測不到病毒的，一般通稱為空窗期，而這也造成輸血感染的風險。

　　反觀NAT不是測病毒抗原或感染後產生的抗體，而是直接檢測病毒本身的核酸，也就是說一旦被病毒感染了，只要檢測技術夠敏感，理論上就能檢測出來。不過，這也面臨病毒量夠不夠的問題。

　　成年人體內大約有5公升、也就是5,000cc的血液。當一個捐血人捐出250cc的血，只拿其中0.1cc去做檢驗，理論上只要存在一顆病毒，就有機會被驗出來。NAT的原理就是不斷地複製、不斷地放大，增加這些血液檢體中的病毒數量後才做檢驗，因此可以輕易檢測出來。

　　病人輸用這些經過NAT檢驗過的血液，第一年沒有一位病人因輸血而遭到病毒感染，也許是運氣好，第二年也沒有任何一例輸血

感染病毒的個案，也可勉強算是運氣好，但連續十一年都沒有任何一例因輸血感染愛滋病毒、B型肝炎病毒及C型肝炎病毒的個案，再怎麼說都不是運氣好而已，程仁偉認為NAT確有它獨到之處。

2013年NAT檢驗正式上路

只不過，當時NAT檢驗試劑非常貴，每份檢驗費用高達五百元，非營利機構的血液基金會根本無法負擔，因此向衛生署爭取調整工本材料費，以彌補這項檢驗費用的不足，但因全民健保財務緊繃，一直無法如願。

林國信為此焦慮不已，四處奔走希望能得到政府及醫界的支持。2007年，他向當時擔任衛生署署長的侯勝茂請求協助，終於獲得正面回應。侯勝茂回憶起當年情景，說他被林國信說服，了解到這件事情的重要性，允諾在保障民眾用血安全的大前提下，讓NAT跨出關鍵的第一步。

在衛生署研究經費支持下，先以五年專案計畫方式進行前期研究，實驗使用多少人份血液進行合併檢驗最有效益，再以增加檢驗數量的方式，和檢驗試劑廠商協議調降成本。最後建議合併八人份血液檢體的NAT試驗，是既有效又省成本的可行方案。

林國信知道，推行NAT檢驗是一項長期計畫，不能一直仰賴衛

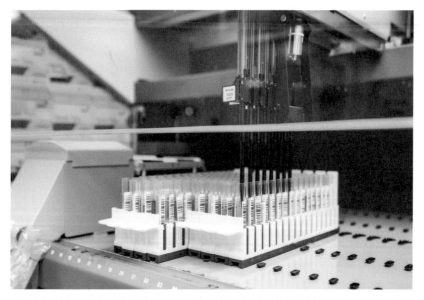

經過血液基金會多年來的極力爭取，台灣的血液病毒核酸檢驗終於在 2013 年跟上全球腳步。（攝影／薛泰安）

生署的研究經費補助，必須從健保總額中提撥經費，增加血品工本材料費，但在多次健保總額協商會議中，都無法得到大部分醫界和付費者代表的支持。

所幸天無絕人之路，2012年立法院開院會時，立委楊瓊瓔質詢行政院院長吳敦義時指出，根據血液基金會資料顯示，全面實施NAT檢驗的費用每年不到三億元，但每年花在病人因輸血感染愛滋病毒、B型肝炎病毒及C型肝炎病毒的後續醫療費用，卻高達二十七億元，兩者差距很大。

更何況，1999年起歐美等先進國家先後導入NAT檢驗，已成全球檢驗趨勢，技術相當成熟，台灣不能永遠落於人後。

此番説詞終於打動吳敦義，隨即指示衛生署督導健保局配合，2013年NAT檢驗正式上路，跟上全球腳步。

台北捐血中心主任林敏昌對此事印象相當深刻，2006年他接任業務處處長時，林國信已推動NAT檢驗兩、三年了，幾乎每年都準備資料到衛生署爭取調整工本材料費，卻年年無功而返，但林國信愈挫愈勇，最後終於成功。

從這個長達十年的爭取過程中，林敏昌看到林國信堅毅的一面，也看到他放眼未來的獨到眼光，令人敬佩。

2023年3月出刊的《景福醫訊》第40卷第3期，侯勝茂就在「醫學新知」專欄中寫了一篇〈台灣全面病毒核酸檢驗成效──謹

以此文向林國信學長致敬〉，巨細靡遺地回顧當年林國信積極向衛生署爭取全面捐血核酸檢驗的點點滴滴。

十年來不曾有輸血感染案例

全面引進NAT檢驗後，多種病毒的檢驗空窗期大幅下降，其中B型肝炎病毒由血清免疫試驗的五十六天縮短為NAT試驗的三十六天，C型肝炎病毒由血清免疫試驗的八十二天縮短為NAT試驗的十天；至於令人聞之色變的愛滋病毒，則由二十二天縮短到十一天，大幅提升用血安全。

由於NAT仍存有幾天的檢驗空窗期，病人接受輸血還是有極低的感染風險，但自檢驗全面實施以來，未見因輸血感染愛滋病毒、B型肝炎病毒及C型肝炎病毒的個案，成效卓著。

為了確保輸血安全，醫療用血每一批次檢驗都會使用英國國家標準血清（British working standard）確保檢驗的敏感度，避免人為疏失，並全面採用自動化儀器，對捐入血液進行血型抗原試驗、抗體篩檢與鑑定、生化檢驗、血源性感染性疾病之篩檢與確認，以及血小板細菌性汙染試驗，為血液安全做最嚴格的把關。

侯勝茂表示，2022年血液基金會陸續汰換檢驗儀器，採用新型病毒核酸擴增檢驗機型，以及化學冷光免疫分析儀器，都是目前全

球先進國家血液中心採用的主流檢驗儀器，每年可檢驗190萬人次捐血者，大幅提升捐血中心檢驗的品質及效能，更加保障用血病人的安全。

隔著大片玻璃窗，關渡台北捐血中心四樓的病毒核酸實驗室，一群醫檢師在各種儀器、電腦前忙碌著。企劃課課長劉俊宏指著幾部正在運作的NAT檢驗儀器說明，病毒的DNA及RNA等核酸都可以被複製，這些核酸複製一次就變成兩倍，複製兩次變四倍，複製三次變八倍，當複製到第三十次時就變成十億倍，這是個很大的數量，很容易被偵測到，而這正是NAT的獨到之處。

NAT的另一個特色就是「pooling」，也就是所謂的合併試驗。由於NAT的敏感度相當高，可以把十份、二十份甚至三十份檢體合併在一起試驗，好像放在同一個水池一起檢測。

如果合併檢測結果呈陰性反應，沒有檢出任何病毒的核酸，代表這些合併在一起的血液檢體都正常，血液成分允許釋出使用。如果合併檢測結果呈陽性反應，代表其中有一份或多份檢體帶有病毒，這時候再把檢體一份一份單獨再測一次，確實找出帶有病毒的那份檢體。

劉俊宏表示，這樣做的最大好處是可以一次做好幾份檢體，節省不少時間及費用，發現陽性反應時再對單一檢體逐一檢驗，確保每份檢體的檢驗結果都正確無誤。近年暴發全球大流行的

COVID-19，因瞬間檢體太多，就是以這種方法解決。

　　台北捐血中心主任林敏昌以計程車共乘的概念，描述NAT就是把多份檢體合併在一起檢驗，共享資源，且能降低成本。

　　每次檢驗，到底要多少份檢體合併一起做才恰當？林敏昌認為並沒有一定標準，通常視每個國家的經費及政策而定，日本是一次只檢驗一份血液檢體，台灣是一次檢驗八份檢體，歐美國家則是一次同時檢驗十六到二十四份檢體。

　　自從NAT這套檢驗系統於2013年正式上路把關，十一年來未曾出現一例因輸血而感染愛滋病毒、B型肝炎病毒及C型肝炎病毒的個案，是件很了不起的事。

資訊系統的縝密串聯

　　NAT這套檢驗系統真的夠強大，但如果沒有一套縝密且安全的資訊系統來串聯，還是可能出現漏洞。

　　血液基金會執行長魏昇堂舉例，如果有個捐血人某天到二二八公園的捐血車捐血，在填寫問卷及面談時，工作人員發覺他並不符合捐血條件，未讓他捐血。這時候，如果他還是不死心，轉而到桃園去捐，雖然也要經過問卷和面談等把關程序，卻有可能僥倖過關，如願捐血。

這種情況只可能發生在幾年前,現在已不可能再出現,關鍵就在資訊系統。魏昇堂解釋,以前各捐血中心各有一套主機,彼此之間沒有即時連線,那位未能在二二八公園如願捐血的人,如果改到隸屬於新竹捐血中心的桃園捐血,新竹和台北兩個捐血中心的資訊系統彼此沒有連線,桃園捐血站的工作人員不會知道他不久前才被跨區的另一個捐血站婉拒,加上他又刻意隱匿某些資訊,就可能如願捐血。

這樣一位很有愛心的人,萬一屬於高風險族群,就有可能因為各捐血中心資訊系統沒有連線的漏洞,造成輸血的風險。

為了堵住這個缺口,血液基金會委託系統整合服務商「敦陽科技」建置全新的血液管理資訊系統(Blood Management System, BMS),串聯台北、新竹、台中及高雄等四個捐血中心,將原先各捐血中心獨立系統的分散式架構整合到如今全國單一系統架構,不論血品安全把關或血液資訊控管,都更加嚴謹且有效率。

貼心設計良心回電機制

魏昇堂說,目前每年約有一百萬名挽袖捐血的人,這是個很大的族群,他們的個人資料、血型、每次檢驗結果,不僅要完整保存,更不能讓個資外流,否則將會衝擊捐血人的信任感,進而危及

台灣捐血事業的永續發展。

有了這套血液管理資訊系統後，從捐血登錄、填寫捐血登記表、面談、體檢、血清免疫試驗、NAT到良心回電，這個層層疊疊架構起來的血品安全網就更加完整。

其中的血清免疫試驗，雖有空窗期較長的缺點，在引進NAT之後仍然守在檢驗第一線，雙重把關，只要NAT和血清免疫試驗中有任何一個檢出陽性反應，那一袋血品便不允許供給醫療使用，不讓安全出現任何漏洞。

至於良心回電，則是相當聰明而貼心的設計。魏昇堂解釋，有些捐血人捐完血之後，突然覺得自己曾經有過的一些行為，或捐完血後感冒、發燒了，有可能會影響到自己的血液品質，即可打專線電話回報。接到這通電話後，不管檢驗結果為何，對方所捐的那袋血會直接廢棄，以確保病人輸血安全。

另一個常見的情況，大都出現在學校、部隊或企業機構舉辦的大型捐血活動中。為了怕引來同學、同袍或同事異樣的眼光，有些明知自己並不適合捐血的人，當下還是硬著頭皮挽起袖子捐血，如今就可以事後再撥打專線電話說明狀況，工作人員便能將對方捐的血攔下。

這些重重把關，無非是建構台灣用血安全最堅實的防護網，讓每一袋來自熱心捐血人的血液都能用來拯救病人，守護每位病人的

健康。

縝密架構血品安全網

　　以血液管理資訊系統為核心所築起的銅牆鐵壁，盡責地守護病人的用血安全。這套資訊系統分「血品流」及「捐血人流」兩大區塊，管理思維不太一樣。其中，血品流絕不容打折扣，只要檢驗出陽性反應，那袋血絕不會輸到病人身上。

　　捐血人流則不一樣，就算捐血人曾經被婉拒，未來還是有可能繼續捐血，因為那次的不合格可能只是一時生活作息不正常，比如熬夜、喝酒、吃得太油、太胖或是其他因素，只要生活回到正常，符合資格後還是可以當個快樂的捐血人。

　　回顧來時路，台北捐血中心主任林敏昌認為，血液基金會前董事長林國信在兩件事上眼光獨到，一是 NAT 的建置，另一則是 2009 年在新竹捐血中心興建檢體庫。

　　2005 年林敏昌接任業務處處長時，林國信發現血液基金會的捐血量和供血量都愈來愈高，有必要將血液檢體長期保存，一旦有任何血品出現問題，馬上可以調出該批檢體重新檢驗，找出問題，避免意外事件持續擴大。

　　林敏昌進一步說明，捐血時都會抽四管血液檢體，其中三管分

送台北或高雄捐血中心進行常規檢驗，最後一管會特別送進檢體庫保存。當年血液基金會財務不是非常寬裕，在內部一片開源節流的共識中，從日本觀摩回來的林國信，深感日本優異的血液管理系統值得學習，尤其是長期儲存檢體庫以便提供後續追蹤及防錯的機制更是獨到，血液基金會不能事事等政府來規定，應挺身而出，主動而積極地把守血液品質。

高瞻遠矚建立檢體庫

2009年在新竹落成啟用的檢體庫，可容納將近一千四百萬份的血液檢體，全都在攝氏零下30度的超低溫環境中保存十年，後來因為檢體數量增加太快，才依《醫療法》規定的病歷保存年限而改為七年。

檢體庫採全自動化管理，只需一名工作人員即可以輕鬆操作。從電腦輸入血液檢體的數位資料，自動控制系統就會把檢體送到面前，既快速精準，也可避免工作人員進出超低溫檢體庫的風險。

林敏昌說，儲存在檢體庫裡的血液檢體，可以用來回溯追蹤某一袋血液並重新檢測，釐清輸血感染狀況，也能藉此掌握傳染疾病流行趨勢，比如幾年前全球大流行的COVID-19，以及每隔幾年就會流行一次的登革熱，都可以從備存檢體的檢測數據中看出流行的變

208

2009年在新竹啟用的檢體庫,可容納將近一千四百萬份血液檢體,對提供後續追蹤及防錯機制具有獨到功效。

化趨勢，做為政府擬訂防疫政策的參考。

　　眼看這個檢體庫經常處於滿庫的狀態，血液基金會執行長魏昇堂表示，基金會已開始規劃重新蓋一座更大的檢體庫，因應下一個世代的需求，同時也保障用血人的安全。

4-4 研製國人醫療血品，血友病人惡夢不再

　　台灣捐供血安全能有如此亮麗的表現，並非天上掉下來的成果，其實也走過一段崎嶇路，而這一切，要從多名血友病人輸注凝血因子感染愛滋病毒那起意外事件說起。

　　一生致力於血液學暨腫瘤研究，早年在台大實驗診斷科血液檢查室服務的王秋華表示，血液凝血因子依編號從1到12，總共有十二個，其中第八、第九、第十及第十一凝血因子會影響到出血，血友病人是缺第八或第九凝血因子，都是透過突變或遺傳而來，且大都由媽媽帶基因遺傳給兒子，是一種性聯遺傳。

　　因此，傳統觀念總認為這是「媽媽帶來的嫁妝」，從娘家把這個遺傳基因帶來夫家，有些家族長輩對生下血友病男孫的媳婦頗有微詞，甚至惡言相向，讓她們飽受委屈。

　　「為什麼要媽媽扛起這個責任？」社團法人中華民國血友病協

會理事長周瑞欽認為，這是遺傳性疾病，把所有責任全都推給媽媽，既不合理，更是件很殘忍的事。然而，還是有些爸爸無法接受孩子是需要長期使用凝血因子的血友病人這個事實，選擇離家而去，一走了之。

血友病人的痛

在這種根深柢固的傳統觀念下，有少數女性病友從青春期就開始避孕，或是生了孩子後就將卵巢切除，提早進入更年期，避免每個月都得面對月經導致流血不止的風險。

王秋華說，血友病人缺少第八或第九凝血因子，必須要定期到醫院輸注這些因子。在凝血因子問世之前，病人只能仰賴血液或血漿來治療，血漿裡所有的凝血因子都有，但血漿的體積太大了，不可能一次打那麼多量的血漿，因此就把血漿冷凍起來再解凍，凝血因子因比重較大，全都沉澱在底部，稱之為冷凍沉澱品，就可輸注到血友病人身上。

如果以500cc血液計算，血漿約有250cc～300cc，冷凍再解凍後，能取得25cc的冷凍沉澱品，可以較快的速度輸注到病人體內，否則在流血不止的情況下，如果還要輸注血漿來補充凝血因子，根本就緩不濟急，止不住血。

周瑞欽對這些冷凍沉澱品可說是又愛又恨，愛的是它確實是止血救命的寶貝，恨的則是一次打了十幾袋之後常會引發過敏反應，除了皮膚癢、發燒外，有時還可能有休克致死的危險性。

也因此，後來才有高純度凝血因子。這是將血漿提煉出第八凝血因子及第九凝血因子，缺第八凝血因子的病人，就只輸注第八凝血因子；同樣的，如果缺的是第九凝血因子，只需輸注第九凝血因子。雖然費用很貴，但這些純化後的凝血因子不會引起過敏反應。

1984年台大醫院成立血友病中心，開始供應冷凍沉澱品。當時周瑞欽才十四歲，卻已是醫院常客，因屬另類帶病投保的勞保身分，所以儘管市面上已有血液製劑，他也只能乖乖施打價格較低的冷凍沉澱品。

一群血友病人在台大醫院血友病中心接受治療時，他都是半躺在椅子上一滴一滴地慢慢輸注，眼睜睜看著其他病友使用那些進口的血液製劑，一、二十分鐘就打完離開了，而他十幾、二十袋打完常要半天到一天的時間。

「我真的很羨慕，希望趕快長大，」周瑞欽形容當時的心情，除了羨慕，還是羨慕，整天盼望著早一點長到十八歲，也可以享受打血液製劑的「快」感，更別說幾乎沒有過敏這件事了。

他無奈地說，那個時候他早上要打十八袋的冷凍沉澱品，下午再補打九袋，一整天就耗在醫院裡，哪裡也去不了，只能調侃自己

是「十八袋長老」，比武俠小說丐幫中德高望重的八袋長老、九袋長老還多一倍。

用金磚堆疊起來的疾病

在那個年代，一般血友病人的家裡不會把錢存進銀行，而是全都放在家裡，以備萬一出了狀況要跑急診，急需用錢又沒有提款機能領錢，可以即時支付龐大的醫療費用。

周瑞欽如今已年過五十，回想起六、七歲開始換牙，或是感冒流鼻水引起鼻黏膜出血時，常因血流不止得到台大醫院掛急診，打針輸血，家人為了找血急得團團轉的陳年往事，唏噓不已。

長大後也才清楚，為什麼有人形容血友病是用金磚堆疊起來的疾病，因為有時候為了止血，必須大量買血、輸血，可能要賣掉一棟房子，才能支付一次的出血所需要的費用。

王秋華也有同感，除了血友病之外，當年治療急性白血病也常要輸血，同樣是一筆很大的費用，家中有些資產的，有時候也不得不賣掉一、兩棟房子來治療孩子，但換來的往往是孩子不敵病魔的事實，平均半年到一年就走了。

曾有一位父親跟她說，他不能再賣房子了，因為除了躺在病床上的這個孩子外，他還有三個孩子要養、要教育，他只能忍痛放

下，讓那個飽受白血病折磨的孩子離開，把機會留給其他孩子。

當年周瑞欽年紀還小，只能輸注冷凍沉澱品，卻也因此幸運逃過一劫。反而是那些讓他萬分羨慕的血友病人，有些人因打進口的第八凝血因子血液製劑而不幸感染愛滋病毒，在台灣社會引起極大震撼。

進口血液製劑染病風波

林東燦記得，當時有「二十世紀黑死病」之稱的愛滋病在全球肆虐。相較於歐美各國，台灣的愛滋病人並不多，且被限制捐血，所以從全血製備的冷凍沉澱品雖也可能帶有愛滋病毒，但比國外用多人（幾千袋）血漿大規模加工生產的血液製劑安全許多，因此輸注冷凍沉澱品的血友病人幾乎無人感染愛滋病毒，而施打國外進口血液製劑卻感染愛滋病毒的血友病人，卻多達五十三人。

一發現情況不對，當時的台大醫院血友病中心主任、有「台灣血友病之父」美譽的沈銘鏡，提出血液製劑應該比照美國食品藥物管理局（FDA）的要求，要經過加熱處理才能進口，才沒讓感染愛滋病毒的血友病人人數繼續增加。他也因「見人所未見」的專業及道德勇氣，獲得衛生署頒發的壹等衛生獎章，更榮獲第十六屆醫療奉獻獎「特殊貢獻獎」的肯定。

　　在發生輸注進口血液製劑感染愛滋病毒事件之前，血液基金會發覺國際上製備血液成分的技術愈來愈精進，積極向外取經。1985年間因國科會與南非之間有相關交流計畫，且南非是全球首例心臟移植手術國家，醫療水準很高，在沈銘鏡推薦下，派了林素娟到南非學習冷凍沉澱品的冷凍乾燥技術，並試做成功，後來因捐血中心並不是製藥廠的規模而未能實際運作。

　　不過，她還是在南非血液中心學習了血型和HLA抗血清試劑，以及用來篩檢抗體的血球試劑之製作，雖未能完全派上用場，卻也提升台灣相關的技術及水準。

　　對於像周瑞欽這種血友病人來說，輸注冷凍沉澱品是他們人生歷程的一部分。

　　基金會業務處處長洪英聖表示，血液捐回來以後，因為裡面的第八凝血因子不穩定，一定要在八小時之內進行製備，時間很趕，但好處是冷凍沉澱品體積小，第八因子含量高，且醫師也普遍認為方便好用，所以血液基金會也很早就提供這項血品。

推動台灣血漿製劑方案

　　其實，世界衛生組織早在1975年的第二十八屆世界衛生大會中，就要求會員國應達到以下兩點目標，一是發展以自願無償捐血

為基礎的國家血液事業；二是要立法管理血液事業，並採行必要措施，保障捐血人及用血人的健康。

自從發生五十三名血友病人因施打國外進口第八凝血因子血液製劑而不幸感染愛滋病毒的意外事件，加上1991年國內醫療用血已能完全自給自足，為確保國人健康，行政院於1996年通過「推動我國血漿製劑方案」，並於2001年核定「國血國用」衛生政策，一來符合世界衛生組織推動國血國用的倡議，二來也確實有很多好處。

國血製劑有以下的好處：一是利用國人血漿製成的免疫球蛋白這項血液製劑，其所含的抗體能有效預防本地的傳染病；二是國內愛滋病人不多，加上用國人血漿製成的血液製劑又經過嚴格滅菌處理，可以降低使用者感染愛滋病毒等病菌的風險。

在這個國家健康戰略框架下，2005年總統公布「血液製劑條例」，隔年2006年施行。2007年衛生署再據此公告「血液製劑發展方案」，製劑也正式定名為「國血製劑益康」。

就在行政院通過「推動我國血漿製劑方案」後，血液基金會即著手進行相關作業，第一階段的血液製劑是和蘇格蘭國家血液服務中心（Scottish National Blood Transfusion Service, SNBTS）合作代工製造。1996年至1998年期間，SNBTS多次派專家學者來台，輔導基金會建立血液作業品質管理系統。

1999年起，血液基金會陸續將血漿原料送到蘇格蘭，到2002

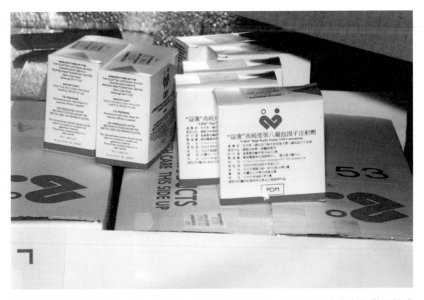

配合政府國血國用政策，第一批國產血漿製劑完成封籤，為國內用血患者提供更好的選擇。

年總共生產了四批血液製劑，送回國內。其中白蛋白在2002年供應完畢，至於免疫球蛋白及第八凝血因子，則分別於2003年6月及10月供應完畢。

國血國用血漿製劑大進展

2007年因國內血液製劑短缺，血液基金會受命配合政府「國血國用」衛生政策，重新啟動血液製劑委託代工，才又開始收集血漿原料，並交由澳洲CSL Behring血漿工廠代工生產血液製劑，包括20％人血清白蛋白注射劑、6％人類免疫球蛋白靜脈注射劑、高純度第八凝血因子、高純度第九凝血因子等四項。

澳洲CSL Behring血漿工廠為提升血液製劑品質，於2022年進行製程遷移計畫（Process Migration），升級更新分餾製程設備及技術，生產「第二代『國血製劑益康』人類免疫球蛋白靜脈注射液10%」及「第二代『國血製劑益康』人血清白蛋白20%注射液」。

其中，「人類免疫球蛋白靜脈注射液10%」不但增加健保適應症給付（如CIDP），且可室溫儲存運送等優點，預期能造福更多需要的病人。

CSL血漿工廠，因全球「人類第九凝血因子」產品需求量逐年被重組基因產品取代，經衛福部同意已於2022年6月停止代工生

產，但仍持續代工製造高純度第八凝血因子產品。

　　另外，「第二代『國血製劑益康』免疫球蛋白（10%）及白蛋白（20%）」產品已取得衛福部食品暨藥物管理署的藥品許可證，並通過中央健保署的健保核價，預計2024年年中可正式供應。

| 第五部 |

奔騰

因應高齡化及少子化趨勢的難以逆轉，
台灣從扎根教育、科技智能運用、精準醫療等著手解決問題，
並做好病人血液管理，提供生化檢驗服務照顧捐血人，
血液事業必須挺住大環境變遷，無懼未來挑戰大步邁進，
並接軌國際 ESG 指標，讓愛永續。

5-1 多方著力，因應高齡化及少子化時代

　　台灣在2018年便進入高齡社會，六十五歲以上人口達到14.6%，根據國家發展委員會推估，到了2025年比率將突破20%，邁入超高齡社會。

　　面對這個嚴肅課題，血液基金會董事長侯勝茂也難免憂心，因為台灣和其他先進國家一樣，都無法擺脫高齡化和少子化等人口結構改變所帶來的衝擊，長期以來穩定的捐血及供血機制，勢必受到影響。

　　其中，高齡化代表老年人口將會愈來愈多，他們是就醫比率較高的族群，用血量只會逐年增加。少子化則意謂著年滿十七歲、符合捐血條件的年輕人愈來愈少，捐血量也會逐年遞減。一增一減之間，如何維持捐血及供血的平衡穩定，就成了無法避免的挑戰。

　　這是個很嚴肅的問題，也是台灣捐血事業現在正面臨的挑戰，

沒有迴避的空間，只能積極面對。侯勝茂提出「向下扎根」這句口號，一定要想辦法讓更多年輕人從小就知道捐血這件事，並有「捐血一袋，救人一命」的觀念，長大後定期捐血，才能補足因人口結構改變導致捐血量不足的缺口。

教育扎根，建立捐血觀念

2023 年 6 月 14 日「世界捐血人日」當天，血液基金會舉行《小大人的血液課》新書發表會，就是捐血觀念向下扎根的最佳實踐。

《小大人的血液課》是台灣第一本專為青少年量身打造的血液知識科普圖文書，以圖文並茂且淺顯易懂的呈現方式，讓青少年深入了解捐血資訊，以及捐血的重要性。

這本圖文書內容相當豐富而多元，包括從 1665 年第一次狗對狗的輸血實驗、1667 年第一次動物對人類輸血，一路介紹三百多年來血液醫療的世界演進史。書中說明了台灣近代捐血醫療「從血牛文化到世界第一」的演變過程；「用血型算命？不，血型是拿來救命的！」這個章節，講的是血型和血液相容性的重要性；「捐血前需要大吃大喝補身體嗎？」則是透過小故事，破除常見的捐血迷思；至於「我現在就可以捐血了嗎？」詳細說明了捐血的基本條件，好讓青少年曉得在符合哪些情況下，可以挽袖捐血。

《小大人的血液課》科普書的出版，就是希望捐血觀念可以從教育扎根。

　　這本涵蓋歷史、社會、生物科技及衛教等各個層面的科普圖文書，雖只有六十四頁，卻透過深入淺出的系統性整理，讓青少年一次搞懂血液基本知識，以及捐血無可取代的重要性。

理解年輕族群分眾行銷

　　雖然台灣國民捐血率全球第一，但隨著高齡化及少子化社會的來臨，十七歲至二十歲的年輕族群捐血量逐漸下滑，該年齡層捐血人數從 2013 年的 20 萬 1,682 人，下降到 2023 年的 9 萬 3,258 人，跌幅高達 53.8%；而捐血率也從 15.61%，直線下滑到 10.86%。照這種趨勢繼續發展下去，預計到 2030 年，這個年齡層的捐血量跌幅將達 66.4%，是個令人怵目驚心的發展。

　　因此，侯勝茂認為捐血教育向下扎根已刻不容緩，否則在可預見的將來會面臨捐血斷層，出現醫療用血短缺的嚴重問題。

　　「如果不懂年輕人的心，怎麼能請得動他們出來捐血？」台中捐血中心主任林冠州也感受到這股趨勢，因此從 2023 年起，推出只要生日當天來捐血就送一張便利商店霜淇淋券的措施，讓當事人驚喜，也祝賀生日快樂，結果年輕人的反應極佳，台中捐血中心隨即在校園內擴大行銷。林冠州希望能夠藉此吸引他們體驗並認識捐血的好處，從此養成定期捐血的好習慣。

血液基金會也創下非營利組織開創 LINE 官方帳號的首例。官方帳號「愛捐血」具備智能諮詢、個人化通知，以及發送緊急動員令的募血需求等功能，是全球唯一一個建置在通訊軟體上的募血平台，更於 2024 年捐血月時推出融合「啾波麻糬」和「血寶寶」的可愛貼圖供免費下載，主要目的也在於希望藉由年輕族群對 LINE 官方帳號的高度黏著，喚起滑世代規律捐血的意識。

此外，協會與基金會也與 Dcard 平台合作前進校園，分享藝人及 KOL 親身捐血的心得，希望藉由年輕人慣用的交流平台、語彙，提高認同度。

借重醫療科技，平衡供需

近年來醫學進展迅速，未來是否可能研發出血液替代品，一舉解決高齡化及少子化造成血源不足的問題？侯勝茂抱持審慎保留的態度。他認為在可見的未來，還不會有一種藥物或產品可以取代血液，包括人造血之類的基因工程製品。

侯勝茂進一步說明，絕大多數血品都無法製造出來，就算有也非常昂貴，很難普及。他認為，上帝造出我們的血液已有數億年歷史了，這是上帝的傑作，幾乎不可能在短時間內由人造血取代。以紅血球為例，未來二、三十年內，還是要由人體自行生產、提供臨

床使用。

　　幸好，悲觀中還是有些許希望。持續進步的醫療科技，也會讓以前認為不可能出現的人造血液產品被合成出來，第八凝血因子就是個例子。捐血運動協會理事長葉金川說明，以前第八凝血因子都要從人的血液中提煉出來，現在已可透過重組基因的方式來製造，擺脫對人類血液的依賴。

　　葉金川認為，科技可以解決一些問題，第八凝血因子如此，說不定未來也可以人工合成出紅血球，或是做出可以攜帶氧氣的替代品。至於其他無法透過人工合成的血品，再從人的血液中取得，這樣就可以減少捐血量。

　　此外，讓每一袋血都能用在最需要用的地方，也是解決之道。隨著醫療科技的進步，微創手術和精準醫療已成為主流，手術過程中的血液流失量可能會減少，輸血量也會跟著減少，就不太需要再募集那麼多的血。

　　「供需一定要平衡，」葉金川認為，少子化導致捐血量下降是個必然的結果，既然血源減少，現在就要積極管制用血量，要求醫院精準用在需要的地方。

　　這個部分可由衛福部健保署全盤規劃，比如透過調整健保給付內容來導引用血方式。葉金川再三強調，血液供需一定要平衡，既然供給沒辦法跟得上，需求就必須下降，這是不變的原則。

面對高齡化及少子化這個難以逆轉的趨勢，從醫療機構到一般民眾，都應把長期以來「有需要就輸血」的傳統做法，改為「沒有需要就不輸血」的全新思維，透過「病人血液管理」（Patient Blood Management, PBM）確保真正要輸血的病人用血無虞。

積極管制，精準配血

一般企業總是希望業績愈來愈好，但血液基金會是公益事業，有多少需求才募集多少血。侯勝茂認為，募到的血不能不夠，也不能太多，既要用得安全，也要用得恰到好處。

在血液事業永續發展的前提下，基金會執行長魏昇堂認為，精準醫療是未來必須走的方向。就醫療用血來說，「當用則用，該省則省」的精準輸血，就是精準醫療的最佳實踐。

血液基金會提供給醫療機構的每一個血袋上面，除了常見的ABO血型之外，還標示Rh、Kidd與MNS血型系統中的八個血型抗原，好讓醫療機構能夠更快且更精準地配血，進而輸給病人相合的血液，這是全球沒有幾個國家可以做到的事。

人類紅血球抗原有三百五十種，具備臨床意義的抗原就有三十至四十種，病人輸血前檢查如果含有對應的抗體，就必須輸給「抗原陰性」的紅血球，否則會造成溶血性輸血反應。

時任血液基金會董事長葉金川，參加於越南河內舉辦之第三屆APEC血液供應鏈高階論壇會議，與國際交流意見。

　　台灣占有3% ～ 6%的米田堡血型（Miltenberger blood group）就屬於MNS血型系統中的一類，但過去一直沒有市售的試劑可鑑定米田堡血型抗原。

　　為此，血液基金會多年前派同仁去日本的血液中心研修，學習製作稀有血型單株抗體試劑技術，並針對台灣特有的血型抗原研發檢驗試劑，再申請專利。

　　魏昇堂進一步指出，米田堡血型抗原在白種人屬於低頻率抗原，但是在台灣、東南亞及中國南方地區則是輸血醫學中重要的血型抗原，研發出來檢驗試劑就可提供到這些地方，幫助更多病人。

建置監測網，提升用血安全

　　輸血治療是醫療作業中不可或缺的一環，但長久以來的輸血前檢驗僅執行確保紅血球的相合性，因此廣義來說，輸血可視為不吻合的移植，輸血治療仍可能會引起多種不良反應。

　　有鑑於此，各國陸續建置國家級的血液安全監測系統，藉由蒐集輸血反應的具體資料，回溯血品安全度，以及追蹤後續處置的適切性，期能減少輸血不良反應的發生，保障病人用血安全。

　　然而，台灣因缺乏鼓勵主動回報的機制及系統，一直都只有個別醫院的零星個案或小規模統計資料。有鑑於此，血液基金會和台

灣輸血學會於 2012 年 3 月 30 日籌組台灣血液監測系統工作小組，結合各醫院及血液基金會的專家，共同制定通報系統的架構及建置通報網絡。

2014 年 10 月 14 日，在當時的血液基金會董事長葉金川大力支持下，雙方簽署為期三年的合作備忘錄，共同建構共享的跨院資訊平台「台灣血液安全監測網絡」（Taiwan Hemovigilance Network, THN），藉以累積全國性用血資料，並定期檢視輸血不良反應，提升輸血安全。

根據台灣輸血學會出版的《2022 年台灣血液安全監測網絡年報》，2022 年參與此一通報系統的醫療院所已增加到七十家，共申報兩千八百零六件輸血反應，最後確定為嚴重的不良輸血反應有二十一件，其中疑似危及生命的有一件，至於另兩例疑似死亡的不良輸血反應，都屬於疑似輸血相關的急性肺損傷（transtusion related acute lung injury, TRALI）。

以台灣一年捐血量已超過 285 萬單位的比例而言，上述比例可說相當低。由此來看，台灣的輸血安全已大幅提升，更加確保用血病人的安全。

5-2 | 重塑利他捐血文化

　　「捐血送龍蝦，捐500cc送兩隻！」、「龍蝦助攻捐血大排長龍，有人清晨六時排隊搶頭香」，一則又一則超吸睛的新聞標題，展現出台灣捐血活動的多樣性，吸引無數民眾大清早搶著排隊捐血，卻也衝擊自願無償捐血的核心價值。

　　立秋過後，受到連續多日下雨影響，民眾外出捐血意願不高，血液庫存量不足，2023年8月某企業於高雄市一所國中前舉辦捐血活動，加碼推出「捐血送龍蝦」的措施，希望衝高捐血量。

　　這招宣傳手法果然奏效，經多家媒體事前預告，加上社群媒體的大量討論，瞬間引爆熱門話題，高雄捐血中心擔心模糊焦點，緊急澄清該企業送的只是巴掌大的小龍蝦，而非網路瘋傳的市售大龍蝦，卻依然阻擋不了民眾的熱情。

　　活動當天，一對姊妹清晨五點就從燕巢住家騎機車出發，一個

多小時後趕到現場，只排到第五及第六順位。早上九點開始捐血之前，現場早已排了長長人龍。

贈品衝人潮，短多長空

其實，這並不是單一事件，更早之前有捐血送手機、送烤鴨等，以議題吸引人。台中捐血中心主任林冠州印象中，多年前還有房仲業者推出捐血抽房子的霸氣手法，吸引了滿坑滿谷的民眾，但這並非他們所樂見。

林冠州表示，無償捐血其實應該是發自內心，有時候一些主辦或協辦單位基於競爭心態，偶爾會祭出捐血送好禮的活動，雖然可以吸引很多人參與，也能募到不少的血液，但往往造成誤導，有些民眾甚至常打電話詢問捐血活動送的是什麼禮物，再決定要不要出門捐血。

高雄捐血中心主任洪啟民也深有同感，才會在網路瘋傳捐血送龍蝦的當下，主動澄清那是主辦單位的宣傳手法，那隻龍蝦只有巴掌大。

洪啟民表示，很多捐血活動是由民間企業團體發起舉辦，而大部分主辦單位都會事先說明要送什麼禮物，但有時候會臨時加碼送不一樣的東西。不管如何，血液基金會還是有相關規定，比如藥品

等某些東西不能送，以免觸法。

捐血人看法紛歧

從 1979 年開始捐血以來，已有四十五年捐血資歷的張國森，多年來一直保有台灣捐血次數最多的紀錄，直到 2023 年夏秋之際才讓出此一頭銜。他每次捐完血，通常休息一下後就離開，不太吃捐血站提供的糖果餅乾，也不喝牛奶，當然更不會為了禮物而來。

不過，他對捐血送龍蝦等活動並不排斥，雖然捐血屬自願無償性質，有時也要視社會環境而定，在高齡化及少子化雙重衝擊下的今天，病人用血量逐年增加，年輕族群的捐血量卻相對減少，長期下來可能供需失衡，如果能透過一些活動讓民眾對捐血多些關注，未嘗不是件好事。

獲選為 109 年度績優捐血人代表的洪惠玲，可說是個超級「熱血」的人，加上她又在國軍高雄總醫院外科加護病房工作，看多了和死神搏鬥的急重症患者，因此非常留意高雄捐血中心各項血品的庫存狀況，只要看到某個血型亮起黃燈甚至紅燈，就會在自己的臉書或 IG 大聲疾呼，請大家趕快去捐血，但她還是無法接受捐血送龍蝦這種操作手法。

她始終認為，各捐血中心庫存血量，不應該只靠送龍蝦這類贈

品的捐血活動來維持，而是從建立正確的捐血觀念著手，培養民眾定期捐血的習慣，這樣才能細水長流，確保血液安全庫存量。

　　如果主辦單位競相加碼贈送禮物，不僅偏離自願無償捐血的核心價值，也會讓某些民眾有了錯誤期待，可能會先看送什麼禮物，再決定要不要出門捐血，這對穩定血源並非有利。

以利他做為衡量基準

　　對於各界紛歧的看法，血液基金會董事長侯勝茂認為，企業團體願意主動舉辦捐血活動，畢竟是出於一片好意，也都是想做好事，基金會樂觀其成，但手法可以更細膩，不要逾越尺度，以免民眾有了觀望心態，心想既然這次捐血都送龍蝦了，下次可能要送鮪魚肚才會出門捐血，這對捐血事業的永續發展並不是件好事。

　　適當的行銷無可厚非，但如果行銷過了頭就不可以。捐血運動協會理事長葉金川就認為，南投紫南宮結合既有的送錢母活動，激發民眾捐血助人的意願，讓領取錢母成為一種愛心及榮譽行為，就是非常好的做法。

　　侯勝茂把捐血回歸到一個基本概念，就是利他。主辦單位不能從捐血活動中獲利，響應活動的民眾則可從捐血中得到好處，比如他捐出去的血可以救人，心靈得到滿足和快樂，或是他為了能夠順

利捐血，更加注意日常生活作息，不熬夜、不抽菸也不喝酒，身體更加健康。侯勝茂強調，世界衛生組織對捐血行銷手法有制定一些規範，不能逾越相關規定。

　　除了利他之外，侯勝茂認為，血液基金會和醫療機構可以攜手合作，盡可能減少醫療用血量，讓每一袋有著捐血人滿滿愛心的血液都用在最需要的地方，落實病人血液管理，重塑捐血文化，讓民眾捐血捐得快樂，病人用血又可以精準且安全。

5-3 | 科技智能運用，每一袋血都能溯源

2022年1月20日舉辦的「國家生技醫療品質獎暨SNQ國家品質標章」頒獎典禮上，血液基金會全力打造行動化、智能化的「血液管理資訊系統」，榮獲「SNQ國家品質標章」及「國家生技醫療品質獎」銅獎的雙重榮耀，這已是血液基金會連續五年獲得國家級大獎的肯定。

透過這套智能化、行動化的血液管理資訊系統，台灣每一袋醫療用血都可追溯到源頭，大幅提升病人用血的安全與效率，確保病人用血安全是得獎最重要的原因。

榮耀的背後，有著血液基金會整個「熱血團隊」默默努力的身影。基金會董事長侯勝茂是知名骨科權威，行醫數十年的臨床生涯，相當清楚用血安全的重要性。他認為唯有完善資訊系統，做好可全程追蹤的血液製程履歷，才可讓安全無虞的血液成為醫療的堅

2022年1月20日舉辦之「國家生技醫療品質獎暨SNQ國家品質標章」頒獎典禮，由時任行政院副院長沈榮津（左）頒獎，血液基金會董事長侯勝茂（右）代表受獎。

強後盾。

　　他以一則親身經歷為例，早年剛結束美國進修回台灣時，他曾在手術台前整整站了二十四個小時，搶救一位在鐵軌旁玩耍被火車輾斷雙腿的七歲小男孩。他把其中一條斷肢的每一條血管和神經都仔細縫合，前後輸了將近 3 萬 cc 的血液，才完成那次幾乎不可能的任務。

　　那位小男孩就靠著一條重新接回來的腿及另一條義肢，過著正常的生活，後來還結婚生子。侯勝茂有感而發地說，在醫療專業上，血液一直是無法取代的治療元素，沒有充裕且安全的血液，再好的醫療技術也是無濟於事。

打造行動網路資訊平台

　　就因深知血液及用血安全的重要性，血液基金會所有工作夥伴都非常珍惜民眾捐出的每一袋血。因應數位轉型，基金會 1993 年便已開始用電腦化的捐供血系統，隨著資料不斷累積，也數次升級軟硬體，然而到 2011 年時仍不敷使用，於是參考國外捐供血軟體，經評估後選出其中一套系統導入，結果卻發現並不符合需求，後續的維運改版也不容易，只好中止合作計畫。

　　2015 年基金會再委請國內廠商客製化一套血液管理資訊系統

（Blood Management System, BMS），針對使用者需求、網路架構、程式語言、資料庫等，重新評估，並結合人工智慧及大數據，全面提升軟硬體設備，希望打造無紙化、行動化、智能化的系統接軌國際，同時也強化作業的一致性。

血液基金會與系統整合服務廠商共同組成百餘人的專案團隊，花了三年多時間，從無到有，從系統訪談、開發、測試、驗收到上線，完成資訊整合，客製化建立全國性單一捐供血資料。

建置完成後，不管是捐血人招募、血液採集與檢驗、血品製備，乃至供應到醫院端使用，全程納入系統監控，嚴密控管，提升血液品質及效能。

這套血液管理資訊系統，有行動化及智能化兩大特點。

行動化分幾個部分：其一，每輛捐血車都配備行動網路，不管停在哪裡舉辦捐血活動，都能連結到資料庫，隨時掌握捐血人資料，及時攔住不適合的捐血對象，確保血液品質；其二，建置捐血人專區，每位捐血人都可以自行下載捐血紀錄、檢視檢驗報告和預約捐血時間及地點等；其三，打造醫院網路作業平台，醫院隨時都可上線訂血，同時檢視申請血品的所有紀錄，包括訂單及血品供應情形，更有效管理血品。

另一方面，醫院可以透過這套系統申請血液諮詢服務。台北捐血中心及高雄捐血中心的實驗室，針對棘手個案提供諮詢檢驗服

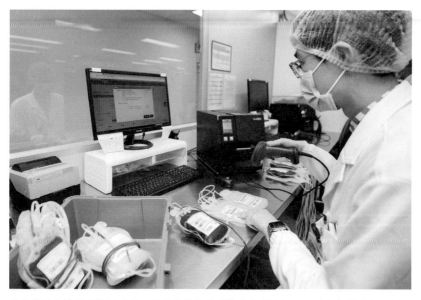

升級後的血液管理資訊系統，可掌握從捐血到供血的所有過程，建立完整的血品製程履歷。（攝影／薛泰安）

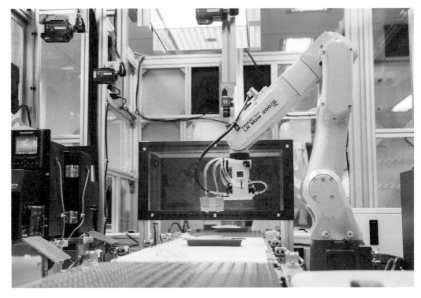

透過 AI 與大數據自動審查管控，可解決各捐血中心資料時間差問題，同時支援特殊血品配對功能，將可能發生的失誤降到最低。圖為紅血球自動核對及貼標籤。（攝影／薛泰安）

務，減少病人輸血反應的風險，保障病人用血安全。

智慧支援血品配對

　　至於智能化部分，透過客製化的系統開發，掌握從捐血到供血的所有過程，建立完整的血品製程履歷。其中，這套血液管理系統採用智能專家模式，可自動套用管制代碼，把問題排序定版，組合成可讓捐血人填寫的電子捐血登記表中的健康問卷，現場工作人員就可根據系統中的面談體檢數據及問卷結果，判定他的捐血資格，大幅提升判定標準的一致性，確保血品安全性。

　　此外，透過 AI 與大數據自動審查管控，這套血液管理資訊系統可整合各捐血中心大數據，解決資料時間差問題，同時支援特殊血品配對功能，提高配對品質及效率，將可能發生的失誤降到最低。

　　侯勝茂表示，台灣的捐血資訊系統不能中斷，必須全天二十四小時維持線上運作，才能貼近民眾的生活，提供最優質的捐供血服務。他形容這套從舊系統升級的血液管理資訊系統，就像「幫正在飛行的飛機換引擎」，從研發設計到上線測試的所有過程，都充滿挑戰。

　　所幸，所有團隊成員秉持「創新突破、絕不妥協」的理念，才完成此一艱巨任務，除了獲得 SNQ 國家品質標章及國家生技醫療品

質獎的高度肯定之外，建立資訊安全管理機制並持續更新資安防護設備，2022年也獲得ISO 27001的認證，以保障捐血人及用血人的隱私和安全，確保捐血事業的永續發展。

再加上更早之前，台北、高雄等捐血中心檢驗課以及血液基金會諮詢實驗室，都通過ISO 9000品保認證、ISO 15189醫學實驗室認證，各項作業程序包括：捐血者篩選、血液採集、血液檢驗、血液成分製造、儲存管理、血液供應等作業，均依循標準作業手冊執行，也定期接受國內衛生主管機關及外部認證機構的查核，顯示我國捐血事業已達國際水準。

5-4 | 照顧好捐血人的健康

　　「我們最重要的事，就是保護捐血人，」在捐血這條路，台中捐血中心主任林冠州已走了三十多年，從菜鳥變老手，經歷過無數挑戰，也接觸過成千上萬的捐血人，相當清楚唯有把捐血人當成自己家人，照顧好他們的健康，這條血液長河才能緩緩流過台灣的各個角落，照護所有需要用血的病人。

　　林冠州和台中捐血中心負責醫師林啟靈都深深覺得，在這個網路發達、每個人都可透過手機傳送訊息的自媒體時代，不愉快的經驗會迅速傳播。捐血最前線的工作人員只要稍有不慎，讓捐血人覺得不舒服，他可能從此不再捐血，甚至透過網路或口耳相傳等方式，散播這種負面情緒，衝擊到供血的穩定性。

　　就因為知道其重要性，只要在活動現場發現捐血人有不舒服的情形，台中捐血中心行政組組長楊梅英一定會請對方留在現場休

息，並隨時關心捐血人的身體狀況，確認沒問題後才讓對方離開，同時注記起來，持續追蹤。

楊梅英笑說，有些捐血人常常接到工作人員打來關心的電話，後來熟到和工作人員聊了起來，會半開玩笑地調侃工作人員，「我人好好的，不要再打電話來了啦！」

提供捐血人生化檢驗服務

俗話說：「禮多人不怪。」工作人員寧可多些關心，也要確認捐血人的健康沒有問題。

林啟靈記得，台中捐血中心醫務組剛成立不久，有位民眾在中正捐血室捐完血後就騎機車離開，騎到中興大學校門口時突然眩暈倒地，剛好校園內有另外一場捐血活動，路過的人立即向工作人員通報。

林啟靈接到工作人員的緊急電話後，立刻開車趕到現場，發現那位民眾已經醒來，測量血壓也正常，研判可能是捐血後沒有吃點東西補充體力，才會騎到半路血糖過低而眩暈倒地。在恢復意識後，該名民眾婉拒林啟靈專程送他的好意，堅持要自行騎車返家，林啟靈只好開著車一路跟在後方護送，直到確認對方安全抵家。

黎蕾認為，展望未來，除了要吸引年輕人加入捐血這個大家庭

外，照顧好成千上萬捐血人的健康更是重要，因為唯有身體健康，才能夠一直不斷地捐血救人。

2015年11月起，擴大生化檢驗項目，新增總膽固醇（total cholesterol）、低密度脂蛋白膽固醇（LDL-cholesterol）及糖化血色素（HbA1c）三項，協助捐血人遠離高血壓、高血糖和高血脂的「三高」威脅。同時也根據捐血人體檢時測量的身高和體重，主動幫忙計算出身體質量指數（BMI），提醒他們保持健康。

健檢回饋降低年齡

2016年起，血液基金會更加碼推出回饋高次數捐血人腹部超音波檢查專案，只要年滿四十歲，且分離術捐血或是全血捐血達一定門檻，都會收到他們寄出的邀請函，憑函可在期限內與合作的醫療院所預約時間，再前往接受腹部超音波檢查。

2024年起再擴大範圍，包含三項生化檢驗項目及腹部超音波檢查，回饋的年齡限制均降至三十五歲。

這些貼心的安排，可以看出血液基金會真的把捐血人的健康放在心上，全力協助他們做好健康管理，也因此收到很多捐血人的正面回饋。

其中，就有一位捐血人寫信感謝他們的這項服務，讓從不留意

血液基金會將捐血人的健康放在心上,提供三十五歲以上捐血人生化檢驗服務,協助他們做好健康管理,收到許多人的正面回饋。(攝影/薛泰安)

身體狀況的自己，在接到糖化血色素濃度高達九點多的檢驗報告時，嚇了一大跳。

這位捐血人趕緊到一家大醫院再做進一步檢查，確認自己真的罹患了糖尿病，經過改變飲食內容及生活作息，並服用藥物控制後，糖化血色素才逐漸下降，最後恢復到正常值，讓他直呼這是捐血的意外收穫。

本身是捐血人，且長年專注於糖尿病及其併發症預防及治療的醫師游能俊指出，近幾年來，平均大約每三個月就會有人拿著捐血中心的糖化血色素報告求診，多數人的糖化血色素濃度在5.7% ～ 6.4%，屬於「糖尿病前期」的高風險者，希望能從飲食、運動等獲得對應建議加強預防。

因為糖尿病前期的症狀並不明顯，導致很多人未能及早發現，「根據國家研究院的推估，全台灣有高達五百萬人處於糖尿病前期階段，所以血液基金會這項政策非常值得肯定，」但游能俊也強調，並不鼓勵民眾藉由捐血做健康檢查，而是既然捐出的血液本來就要做各項檢驗，能多一項的檢查當然是件好事，尤其會去捐血的人大多覺得自己身體很健康，未能察覺身體警訊。

黎蕾表示，現在約將近90%的捐血人有固定捐血習慣，他們也把照顧好這些人的健康當成一件大事，這是一種「我珍惜你，你就能持續捐血」的良性循環。為了擴大服務範圍，血液基金會才把生

化檢驗及腹部超音波檢查的對象，從年滿四十歲以上，下修到只要超過三十五歲即可。

　　她當然不可能期望所有符合條件的捐血人，都會去接受這些腹部超音波檢查，但只要有一成的人響應這項服務，其實就已照顧到很多人。血液基金會有專業人力，也有相關儀器設備，她認為這是個CP值很高的策略，值得繼續推行下去。

5-5 | 愛心實踐共享永續

　　台灣捐血率超過8％、高居全球第一的傲人紀錄，成就另一個「台灣奇蹟」，在此過程中民眾早已超越過往傳統思維，捐血除了可以救人之外，還能做更多好事。黎蕾分享2023年才推出的一項措施，見證了愛心循環的可行性。

　　長久以來，捐血中心都會送捐血人一份紀念品，感謝他們的愛心付出。這份小小的紀念品，有人欣然接受，有人則婉謝，留給更有需要的人。

　　近年來，有捐血人寫email建議，「捐血累積點數，再憑點數兌換紀念品」這項行之多年的傳統，也許可以與時俱進。

　　捐血人提到，不少人捐血之後並沒有拿紀念品，點數愈集愈多，雖可憑較多的點數兌換其他紀念品，但他們可能一時用不到，加上捐血原本就是件互助的行為，他們也從過程中得到快樂，那些

紀念品或許可以轉換成其他東西，轉送給其他更有需要的人。

　　這確實是個好點子。血液基金會非常感謝這位捐血人的建議，經過評估及討論後，決定和財團法人喜憨兒社會福利基金會合作，把許多捐血人多次捐血所帶集的點數轉換成愛心，向喜憨兒基金會採購餐盒，再送到偏鄉的國小，分享給當地學童。

愛心實踐永續概念

　　惜物愛物是美德，把有用的東西分享給有需要的人，更是實踐ESG社會公益的最佳方式之一。

　　黎蕾表示，血液基金會把許多捐血人的愛心轉換為餐盒，既可讓喜憨兒基金會各據點服務的弱勢族群有份穩定工作，也可讓無數偏鄉學童填飽肚子，形成一個善的循環。

　　ESG指的是環境保護（Environmental）、社會責任（Social）及公司治理（Governance），是一種新型態評估企業的指標。從ESG的數據及陳述，可以看出一家企業是否對社會及我們所居住的地球具有責任心，也可當成未來投資的參考。

　　血液基金會與喜憨兒基金會合作，2023年8月1日起，捐血人只要使用捐血點數20點，就能轉換成每組四份的愛心餐盒，配送到各個偏鄉國小為弱勢學童提供餐食。這項循環愛心的活動頗獲捐血

血液基金會創新做法，將捐血人捐血次數所累積的點數轉
化成愛心，與其他更有需要的人分享，形成善的循環。

人好評，紛紛響應，至11月底總共兌換了五千八百五十二盒餐盒，幫助二十六所國小一千四百六十三位學童。

黎蕾指出，每次捐血可以累積1點，集滿20點就可換成一組餐盒。他們讓每位集滿20點的捐血人認養一位學童，每個學期送一組、四份的餐盒，於學期中逐月寄送，每位學童每個月都可拿到一份餐盒。

雖然分送的餐盒並不是很多，但她和所有血液基金會的工作夥伴都認為，如果有更多捐血人配合這項「攜手做愛心，送愛到偏鄉」的活動，可以讓愛心加倍；更重要的是，他們相信這是一件非常有意義的事。

減碳的具體作為

血液基金會其實已在ESG這條路上走了一段時間，三、四年前董事長侯勝茂訂下減碳、減廢的長期發展目標，其中減碳這一部分，全國所有捐血車都已朝改用純電車的方向努力，將排放二氧化碳等廢氣的比率降到最低。

血液基金會執行長魏昇堂表示，目前使用的捐血車可分三大類，第一類是全電動車，也就是完全不加任何汽油或柴油，充飽電後可以開出去到處跑，車上有兩套電子系統，一套是開車的動力系

統，另一套則是停下來進行捐血作業時，提供車上空調、照明及檢驗等相關用電的系統，今後各捐血中心全新打造的捐血車，將盡可能以這種高度環保的車型為主。

第二類是油電混合車，開車時以汽柴油為動力，開到定點停好後，再插外部的電源，提供空調、照明、血品保存及捐血作業所需之設備及儀器等相關用電。捐血活動結束後，拔下插頭，再以汽柴油為引擎動力開回捐血中心。

第三類則是定點車，顧名思義，這種車只有車子的外型，沒有引擎也沒有動力，無法自行移動，通常由拖車頭拖到捐血亭、公園等定點擺放，並插上外部電源，提供空調及捐血作業所需之設備及儀器等相關電力，長期在定點服務捐血人。

在節能減碳的全球趨勢下，血液基金會當然全力配合。侯勝茂記得當年出任衛生署署長時，每次經過停放在定點的捐血車，總是聞到柴油引擎排出的大量廢氣，很不舒服，因此當他接任血液基金會董事長後，馬上提出捐血車一定要朝更環保的方向轉型，全電動捐血車就成了最佳選擇。

和一般用來載客的巴士不同的是，捐血車的功能多元，不僅要有捐血椅及其他捐血設備，加上內部電路系統相當複雜，因此依需求客製化設計及打造並不容易，且造價不菲。

一部沒有動力、需由拖車頭拖到定點的插電式定點捐血車，造

價約六百至六百五十萬元,油電兩用捐血車需七百三十萬元,至於全電動捐血車則高達一千三百萬元以上。

儘管如此,近幾年血液基金會和企業機構攜手合作,以公益模式勸募各型環保捐血車,2021年富邦金控率先捐贈全國第一輛電動捐血車「富邦號」,供台北捐血中心使用,每次捐血活動都可減少48%碳排量。

根據血液基金會2022年捐血車溫室氣體盤查數據,全國各型環保捐血車共減少220公噸碳排量,大約是0.6座大安森林公園一年的二氧化碳吸收量。隨著各型環保捐血車陸續上路,將可減少更多的碳排量。

幫過剩血漿找出路

因為「建立環保化的捐血車隊」以及「核酸試驗確保輸血安全」的突出表現,血液基金會在2023年TSAA台灣永續行動獎中,分別獲得SDG13氣候行動,以及SDG3健康與福祉等兩項銅獎,再次落實血液基金會「捐血快樂、用血安全、自我提升、永續精進」的經營理念。

說到減廢,「幫過剩血漿找出路」無疑是另一個相當經典的精采故事。魏昇堂表示,早年捐血人捐的都是全血,隨著醫學進步,

血液基金會榮獲「TSAA 台灣永續行動獎」,（由左至右）稽核處專員周玉芬、稽核處處長孫淑蓉、研究處處長程仁偉、執行長魏昇堂、業務處處長洪英聖、資訊處處長謝佳宏、公關處處長黎蕾於永續博覽會現場合影。

除了捐全血之外，也能透過分離術血小板只捐血小板這種成分血，方便醫療機構使用。至於全血則可分離成紅血球、血小板和血漿這三種主要的血品。

其中，幾占血液體積一半的血漿，一小部分送到澳洲CSL Bioplasma血漿代工廠生產人血清白蛋白、免疫球蛋白靜脈注射劑、高純度第八凝血因子、高純度第九凝血因子四項血液製劑。大部分血漿除了交由醫院使用外，一旦過了效期，就只能當成廢棄物處理。

過去十年來的全球趨勢，血漿的使用量愈來愈少，分離出來的血漿有半數用在病人身上，另一半用不到，冷凍在攝氏零下20度的超低溫中保存。

擬報廢血漿再利用

由於血漿的效期達五年，捐血中心及醫療機構為了這些過剩血漿，必須找個很大的冷凍庫來長期儲存，既占用有限的空間，也耗費電力及管理人力。

儲存超過五年後，過了效期的血漿不能再用，只能申請報廢，每年大約有一半的血漿因此成了廢棄物，被送往焚化爐焚燒，不僅浪費資源，也要再付一筆不小的處理費，不符合ESG永續發展的核

心精神。

魏昇堂約略算過，將近四成的血漿最後都會走上焚化這條路，讓人看得心疼。為此，在報請主管機關核准，也取得捐血人的同意後，他花了三年時間幫這些血漿找出路，最後找到一家位於印度第一大城孟買的血漿製劑公司，半買半相送地以較低也較合理的價格提供給他們。

這些原本要被送進焚化爐的血漿，最後可以拿去製成血液製劑，救助印度的病人，可說是最華麗的轉身。有人形容這是「資源再利用」，或是「擬報廢血漿的資源再利用」，可為血液基金會節省很多成本，也能增加一些收入，再用於捐血人與用血人福祉有關的事項，比如補助提升用血安全的研究，或是推動公益活動。

從捐血集點換餐盒的「攜手做愛心，送愛到偏鄉」活動、朝全電動捐血車邁進的環保救地球，到幫血漿找出路的資源再利用減廢之旅，無非就是要打造一個善的循環，推動血液基金會永續經營下去，邁向下一個五十年。

結語 ｜ 血液長河奔流不竭

　　1974年，台灣省政府成立曾文水庫管理局，教育部設立國立台灣工業技術學院。同是在這一年的4月19日，捐血運動協會也在一群熱心公益的機關、社團、學校及公司行號的大力推動下，正式成立。

　　走過半世紀，有效容量5億685萬立方公尺的曾文水庫，依舊灌溉著嘉南平原萬頃稻浪良田；國立台灣工業技術學院則已升格為國立台灣科技大學，培育無數頂尖科技人才。

　　捐血運動協會和1990年捐助成立的血液基金會攜手打造傲視全球的捐供血體系，守護兩千三百萬國人的健康。

　　這條波瀾壯闊的血液長河，奔流在台灣的大街小巷，也穿過高山峻嶺和離島偏鄉，募血量在2023年已超過285萬單位創下新高，8.13%的國民捐血率更創下全球第一的傲人紀錄，展現國人無私愛心，更見證「台灣最美的風景是人」這句傳頌國際的讚美。

　　這些美好，有捐血運動協會和血液基金會上千名工作人員的堅持打拚，更有上百萬名捐血人的熱心參與付出，才讓無數在手術檯及加護病房和死神搏鬥的急重症病人得以重新找回健康，回到溫暖的家。

　　這是一部交織著歡笑和淚水的熱血故事，有張國森這位保有數十年「台灣捐血次數最高紀錄」頭銜，每週披星戴月奔波於台南和台北的堅毅身影；有洪惠玲透過臉書和 IG 等社群媒體的精采圖文，鼓勵民眾踴躍捐血的滿腔熱情；有藍高玉雲捐血之餘，不忘投身志工的歡喜奉獻。

做好事不難，挽袖便是

　　這五十年來，也有飛官許德英墜機重生後加入捐血大家庭，「有借有還」的感人回報；有憲兵中將李銘藤身先士卒，長年帶領無數國軍弟兄捐血的熱心澎拜；更有喻家貞眼盲心不盲，默默踽行於捐血路上的無悔付出。當然，更多的是定期到捐血站報到的熱血民眾。

　　好，當然還可以更好。順應社會變遷及環境轉變，血液基金會除了確保血源穩定及安全外，還時時精進檢驗技術及流程，多年來榮獲多次「SNQ 國家品質標章」及「國家生技醫療品質獎」的榮

耀，成為其他機構學習的榜樣。

　　展望未來，捐血運動協會和血液基金會更將實踐 ESG 的核心精神，永續發展血液事業，除了提供捐血者及用血者最優質的服務，同時保護我們賴以生存的這個地球，善盡社會責任。

　　做好事並不難，挽起袖子就可以。對於這些默默付出且不求回報的捐血人，捐血運動協會理事長葉金川感念再三，他認為把自己珍貴的血液捐出去，就是在幫助另一個生命，以及另一個家庭，心意感人。

　　從台灣捐血事業半世紀一路走來的步步足跡，我們看到一群善良的人，以及人群後面那片更迷人的風景。

國家圖書館出版品預行編目(CIP)資料

熱血奔騰50年：百萬愛心守護生命/林進修著. --
第一版. -- 臺北市：遠見天下文化出版股份有限
公司, 2024.05
264面；14.8×21公分. --（社會人文；BGB585）

ISBN 978-626-355-760-4(平裝)

1.CST: 血液 2.CST: 利他行為 3.CST: 社會福利

548.2   113006173

社會人文 BGB585

熱血奔騰 50 年
百萬愛心守護生命

作者 —— 林進修
總策劃 —— 葉金川
編輯顧問 —— 侯勝茂
編輯委員 —— 王雲龍、林冠州、林敏昌、洪啟民、黎蕾、叢萍、魏昇堂（依姓氏筆畫排序）
專案執行 —— 杜文靖

企劃出版部總編輯 —— 李桂芬
主編 —— 楊沛騏
責任編輯 —— 楊沛騏、李美貞（特約）
封面、版型設計 —— 李健邦
圖片來源 —— 中華捐血運動協會、台灣血液基金會

出版者 —— 遠見天下文化出版股份有限公司
創辦人 —— 高希均、王力行
遠見・天下文化 事業群榮譽董事長 —— 高希均
遠見・天下文化 事業群董事長 —— 王力行
天下文化社長 —— 王力行
天下文化總經理 —— 鄧瑋羚
國際事務開發部兼版權中心總監 —— 潘欣
法律顧問 —— 理律法律事務所陳長文律師
著作權顧問 —— 魏啟翔律師
社址 —— 臺北市 104 松江路 93 巷 1 號
讀者服務專線 —— 02-2662-0012 | 傳　真 —— 02-2662-0007；2662-0009
電子郵件信箱 —— cwpc@cwgv.com.tw
直接郵撥帳號 —— 1326703-6 號　遠見天下文化出版股份有限公司

內文排版 —— 立全電腦印前排版有限公司
製版廠 —— 中原造像股份有限公司
印刷廠 —— 中原造像股份有限公司
裝訂廠 —— 中原造像股份有限公司
登記證 —— 局版台業字第 2517 號
出版日期 —— 2024 年 5 月 24 日 第一版第 1 次印行

定價 —— 480 元
ISBN —— 978-626-355-760-4
書號 —— BGB585
天下文化官網 —— bookzone.cwgv.com.tw